Wigbert Röth

Nepal

Menschen und Berge vom Dolpo
bis zum Kangchendzönga

Für Johanna, Ludwig und Friedrich

Wigbert Röth

Nepal

Menschen und Berge vom Dolpo bis zum Kangchendzönga

Kahl

Impressum

1. Auflage, März 2022

Fotos und Texte: Wigbert Röth
Autorenportrait: Kerstin Wiesner
Karte Nepal: vectorstock.com
Lektorat: Olaf Schubert
Layout und Satz: Gunhild Röth
Druck: siblog
Gedruckt auf FSC-zertifiziertem Papier 

ISBN 978-3-938916-43-8

www.kahl-verlag.de

Inhalt

Dental
दाँत
बनाउने
ठाउँ

Namaste Kathmandu

Der Schmelztiegel Nepals

Mit vor der Brust gefalteten Händen und dem Wort „Namaste" wird jeder Reisende in Nepal lächelnd begrüßt. Die aneinander gelegten Hände stellen dabei die Kraft der beiden vereinigten Gehirnhälften dar und symbolisieren einen Energiefluss, während die drei Silben „nama as te" aus dem Sanskrit die Worte „ich verbeuge mich vor dir" oder noch schöner „ich grüße das göttliche Licht in deinem Herzen" ausdrücken.

Die Ankunft in Nepal ist überwältigend!

Wie aber lässt sich eine Stadt beschreiben, welche gegensätzlicher nicht sein könnte? Kathmandu, die Hauptstadt Nepals, mit 1,7 Millionen Einwohnern größte Stadt des Landes, ist chaotisch, staubig, laut und von einer dauerhaften Smogwolke bedeckt. Sie ist spirituell und religiös, pulsierend und lebendig, ist arm und reich, zeigt Leben und Überleben.

Schon erste Blicke im Landeanflug und spätestens die erste Fahrt mit dem Taxi vom Flughafen in die Stadt hinein lassen erahnen, auf was man sich als Reisender einlassen muss. Vom Verkehr verstopfte, unbefestigte Straßen, verwinkelte Gassen mit baufälligen, vom letzten Erdbeben gezeichneten Häusern, Lärm, Müll, Abgasgestank und eine Vielzahl an scheinbar heruntergekommenen Verkaufsständen am Straßenrand prägen das Stadtbild.

Doch was macht dann den Reiz dieser Stadt aus? Sind es die vielen herzlichen, freundlichen Gesichter der Nepalesen, die uns im Vorbeigehen entgegenlächeln, ist es die vielfältige religiöse und kulturelle Vergangenheit, die an jeder Straßenecke sichtbar wird oder die tiefe Spiritualität, die überall zu spüren ist, oder etwa einfach auch nur die Erwartungshaltung an das beliebteste und meistbesuchte Land im Himalaya? Kathmandu bietet von allem etwas. Eine Stadt, die wohl fast jeden Besucher trotz erster abschreckender Eindrücke unweigerlich in ihren Bann zieht.

Egal mit welchen Sinnen wir die Stadt erleben werden, egal wie sehr wir bereit sind, in dieses pulsierende Leben einzutauchen, die vielen lebensfrohen Eindrücke werden in uns ihre Spuren hinterlassen und in Erinnerung bleiben. Es ist eine Entdeckungsreise in eine fremde Welt voller Gerüche und exotischer Düfte, die Wahrnehmung einer ganz anderen Lebenskultur.

Der Klang der Stimmen, die filigrane Schönheit der Holzschnitzkunst an den alten Tempelanlagen und Königspalästen, die besonders friedvolle Ausstrahlung und Atmosphäre der heiligen Stätten, die Farben der Landschaft, das alles ist in ein einziges großes Bild gemalt. Ein Bild, das durch die besondere Herzlichkeit der Menschen an Glanz gewinnt.

Die eigentliche Urbevölkerung im Kathmandutal ist die Bevölkerungsgruppe der Newar. Ihre Sprache wird der tibetobirmanischen Sprachfamilie zugeordnet. Bei den Newari finden sich hinduistische und buddhistische Glaubensanhänger und eine komplexe Verschmelzung beider Religionen. Manche Tempelanlagen werden miteinander genutzt und auch verschiedene Gottheiten gemeinsam verehrt. So wird zum Beispiel die Kindgöttin Kumari, eine Inkarnation der hinduistischen Göttin Durga, regelmäßig aus einer Kaste der buddhis-

Vorherige Seite: Ein Tuchhändler wartet vor seinem Laden in der Altstadt von Kathmandu auf Kundschaft für seine bunten Stoffe.

Links: Kleine Götterstatue am hinduistischen Tempel Kumbeshwar Mahadev Mandir in Patan.

tischen Newar neu erwählt und von buddhistischen und hinduistischen Newari als lebende Göttin gleichermaßen verehrt.

Tatsächlich ist Kathmandu ein Schmelztiegel und ein Völkergemisch verschiedener ethnischer Gruppen und Religionen.

Besonders in den letzten Jahrzehnten erfolgte eine zunehmende Urbanisierung des gesamten Kathmandutals. Aus allen Landesteilen Nepals kamen Menschen unterschiedlichster Volksstämme in der Hoffnung auf bessere Lebensbedingungen, Verbesserung der Arbeitssituation und Zugang zu gesundheitlicher Versorgung, Schulen und Ausbildungsmöglichkeiten. Eingeschlossen von den Bergketten des Himalaya hat das Tal nur einen natürlichen Zugang durch die Schlucht des Bagmati, einem Zufluss zum heiligen Ganges.

Es wird wegen seiner wirtschaftlichen Lage, dem angenehmen Klima und guten Bedingungen für die landwirtschaftliche Nutzung nachweislich seit mindestens 2000 Jahren dauerhaft besiedelt. Seine Entstehung liegt allerdings noch viel länger zurück und beruht auf einer Legende. Damals war das ganze Kathmandutal von einem riesigen See bedeckt. In seiner Mitte wuchs eine leuchtende blaue Lotusblüte. Jahrhundertelang kamen Pilger, um den heiligen See zu umrunden und die Lotusblüte zu verehren. Der tibetische Bodhisattva Manjushri, ein erleuchtetes Wesen, erreichte viele Jahre später den See. Um anderen Pilgern den Zugang zu der leuchtenden Lotusblüte zu erleichtern, schlug er mit seinem Schwert einen Abfluss für den See nach Süden in die Berge, und schuf so den heiligen Fluss Bagmati. Die Lotusblüte pflanzte Manjushri auf den Berg Swayambunath. Heute steht hier der älteste Stupa Kathmandus, eine der ältesten buddhistischen Tempelanlagen der Welt.

Schon frühzeitig weckte das fruchtbare Kathmandutal Begehrlichkeiten. Verschiedene Könige herrschten über das Tal bis die Kiranti, ein Bergvolk aus dem Osten Nepals, die Herrschaft übernahmen und sich das Tal bereits 300 Jahre v. Chr. zu einem wichtigen Handelszentrum entwickelte. Unmittelbar nach der Zeitenwende übernahm die aus Indien stammende

Der Ursprung des großen buddhistischen Boudha-Stupa in Boudhanath wird im fünften Jahrhundert n. Chr. vermutet.

Das Kathmandutal versinkt oft in einer Smogwolke.

Licchavi-Dynastie die Vorherrschaft. Mit den neuen Herrschern gelangte der Hinduismus und damit auch das Kastenwesen ins Kathmandutal. Viele Jahrhunderte später, etwa um 1200 kamen die Malla aus Indien an die Macht. Aus ihnen ging die Malla-Dynastie hervor. Mit der dritten Malla-Dynastie unter Jayasthiti Malla erreichte das damalige Reich eine wirtschaftliche Blüte. Nach dem Tod seines Enkels wurde das Reich im Jahre 1482 auf dessen drei Söhne aufgeteilt. In Folge entstanden im Kathmandutal die drei Kleinkönigreiche Bhakthapur, Kantipur (heute Kathmandu), und Lalitpur (heute Patan). Alle drei Königsstädte rivalisierten im Konkurrenzkampf um die schönsten Tempel, die schönsten Paläste und Pagoden – um die schönste Stadt.

Im 18. Jahrhundert eroberte eine Armee der Gurkha, Nachfolger einer rajputischen Herrscherfamilie aus Rajasthan unter Prithvi Narayan Shah das Kathmandutal. Es war der Untergang der bereits geschwächten Malla-Dynastie. 1768 wurde Kathmandu die einzige Hauptstadt der neuen Schah-Dynastie, die bis ins Jahr 2008 fortbestand. Im Jahr 2001 kam es zu einem Massaker innerhalb der Königsfamilie unter König Birendra. Innerhalb weniger Minuten wurde die ganze Königsfamilie ausgelöscht. Nach offiziellen Angaben soll Kronprinz Dipendra diese Tat verübt haben. Bis heute bestehen deutliche Zweifel an dieser Darstellung und die Hintergründe der Bluttat sind verworren und nicht aufgeklärt. Wenige Tage nach dem Massaker und dem Tod Dipendras übernahm sein Onkel die Nachfolge des Königs bis zur Auflösung der Monarchie im Jahr 2008.

Bereits 1996 bildete sich eine maoistische Guerillaorganisation die gegen die bestehende Regierung und die Monarchie ankämpfte. Über zehn Jahre dauerte dieser Kampf. Mehr als 16.000 Menschen verloren während der Zeit ihr Leben. Im Laufe des Konfliktes erlangten die Maoisten die Kontrolle über weite Teile Nepals. Erst im Jahr 2006 kam es zu einem Friedensabkommen, dem entsprechend die Guerillakämpfer unter UN-Aufsicht ihre Waffen abgaben. Schon zwei Jahre später, im Jahr 2008 gingen die Maoisten als Sieger aus den Parlamentswahlen hervor. Infolgedessen wurde die Abschaffung der Monarchie und damit die Entmachtung König Gyanendras im Mai 2008 umgesetzt. Die Republik Nepal wurde ausgerufen.

Nach einem Zusammenschluss mit der Vereinigten Marxistisch-Leninistischen Partei (CPN-UML) bilden die Maoisten zusammen mit den Marxisten-Leninisten heute die stärkste Regierungspartei.

Die drei Königsstädte im Kathmandutal haben die politischen Wirren über die Jahrhunderte überdauert. Heute stehen sie als Weltkulturerbe der UNESCO seit 1979 unter besonderem Schutz. Allerdings stammen die Bauwerke zum großen Teil aus dem 17. und 18. Jahrhundert. Zum einen war die Architektur aus Holz und Lehm nicht für die Ewigkeit gebaut und zum anderen wurden die alten Tempelanlagen und Paläste immer wieder durch Eroberungszüge und Erdbeben zerstört. Das letzte große Erdbeben im Jahr 2015 forderte in ganz Nepal nicht nur 8000 Tote, sondern verursachte neben vielen zerstörten Wohnhäusern auch unermessliche Schäden an Sakralbauten. Noch heute sind die Spuren überall zu sehen. Nach dem Erdbeben kam es weltweit zu einer großen Welle der Hilfsbereitschaft und Spendenaufkommen für das schwer getroffene Himalayaland. Ein Großteil der damals aufgebrachten Spenden ist allerdings im Sumpf der Korruption der Regierung unauffindbar verschwunden. Inzwischen werden viele der zerstörten Tempel und Paläste mit ausländischer Unterstützung aufgebaut und restauriert.

Als Reisender wird man nach Ankunft in Nepal oftmals im Stadtteil Thamel im Zentrum von Kathmandu ankommen. Enge verwinkelte Gassen mit einer unüberschaubaren Anzahl an einfachsten Unterkünften,

Oben: Längst haben die modernen Medien auch Nepal verändert. Ein kleiner Junge spielt mit seinem Handy.

Mitte: Ein Töpfer in Bhaktapur arbeitet noch immer an einer mit den Füßen angetriebenen Scheibe.

Unten: An vielen Orten im Kathmandutal wird Gemüse zum Verkauf ausgebreitet.

hochpreisigen Hotels, Bars, Restaurants, Trekkingläden und kleinen Geschäften, welche Handwerkskunst aus ganz Nepal als Souvenirs für westliche Reisende anbieten. Obwohl der Stadtteil völlig touristisch geprägt ist, bildet er eine kleine Oase im Zentrum des Molochs Kathmandu. Während der Verkehr mit täglichem Stau und einer unerträglichen Abgasbelastung tobt – Kathmandu gilt als eine der Hauptstädte mit der größten Luftverschmutzung weltweit – ist in den meisten Gassen von Thamel der Autoverkehr offiziell verboten. Hunderte bunte Gebetsfahnen überspannen die engen Gassen, aus den Läden dringt der Duft von unzähligen Räucherstäbchen und aus zahlreichen Musikläden klingt weithin zu hören buddhistische Ethnomusik. Es ist ein erstes Eintauchen in eine exotisch anmutende Multikulti-Welt.

Im Straßencafé mit „german bakery"-Angebot ganz nach westlichem Standard aber mit dem Flair Nepals, sind Rosinenschnecken, Schwarzwälder Torte und Pumpernickel nach wochenlangem nepalesisch scharfen Essen eine willkommene Abwechslung für Trekkingtouristen. Gleich um die Ecke das Ayurveda- und Massageangebot zur Entspannung der gequälten Trekkerrücken. Und nicht zuletzt lässt eine reichhaltige Auswahl an Yoga- und Meditationskursen auch das Herz eines jeden weitgereisten Esoteriksuchenden höherschlagen. Es hat den Anschein, dass Spiritualität und Mystik käuflich zu erwerben sind auf der Suche nach der eigenen Heilung, Weisheit und Selbsterkenntnis. Alles, was das Herz eines westlichen Reisenden begehrt, ist in den Gassen von Thamel zu finden. Und dazwischen Straßenhändler, die jedem Reisenden geradezu aufdringlich mit leidenschaftlicher Überzeugung für wenige Rupees ein handgefertigtes Minischachbrett oder ein nepalesisches Musikinstrument in billigster Souvenirausführung verkaufen wollen. Allerorts Trekkingagenturen, welche mit schillernden Bildern und Videos im Schaufenster für spektakuläre Abenteuer werben und mit Bestpreisgarantie um die Gunst der Kunden rivalisieren.

Mit riesigen Rucksäcken schwer bepackte Trekkingtouristen eilen durch die Straßen, Rikschafahrer auf

Mit Pfiffen macht im stark touristisch geprägten Stadtteil Thamel ein Rikschafahrer auf sich aufmerksam.

Piercing Dreadlock
Cell: 9803510690
1st Floor
EXCELSIOR
DE LA SOUL
HIMALAYAN TREKKING GEAR
WIFI

Oben: Sonnenuntergang über den Dächern und Gebetsfahnen am Boudha-Stupa.

Unten: Jeden Abend werden am Boudha-Stupa unzählige Butterlampen als Symbol der Erleuchtung entzündet

Rechte Seite: Steinerne Löwenfigur am Nyatapola-Tempel und Bhairavnath-Tempel in Bhaktapur.

uralten verrosteten Fahrrädern bieten lauthals ihre Dienste an und besonders als Einzelreisender bekommt man immer wieder im Vorbeilaufen leise zischelnd Angebote für den Kauf von Haschisch oder anderen Dienstleistungen zugeflüstert. Aber nicht nur der westliche Reisende fühlt sich hier zu Hause. Abend für Abend füllen sich die Gassen von Thamel. Selbstbewusst und westlich gekleidet schlendert Nepals Jugend zur nächsten Bar oder Discothek. Ein pulsierendes Leben, welches besonders in den Abend- und Nachtstunden seinen Höhepunkt erreicht. Aus engen verwinkelten Gassen, aus jahrhundertealten Häusern quillt das jugendliche Leben hervor, immer stärker geprägt durch den Einfluss des westlichen Tourismus. Schon längst ist die junge Generation aus den alten Traditionen und Lebensweisen ihrer Eltern und Großeltern herausgewachsen und auf der Suche nach einem Weg in eine moderne und weltoffene Zukunft.

Wenn man sich nach kurzer Zeit im Wirrwarr der Gassen zurechtgefunden hat, kann man eintauchen in eine Wunderwelt, die anziehend und faszinierend zugleich ist. Neben dem kunterbunten, quirligen Leben in der Altstadt sind es vor allem die vielen Sehenswürdigkeiten, die einen Aufenthalt in Nepals Hauptstadt interessant machen.

Im Nordosten, im Stadtteil Boudhanath erhebt sich der große weiße Boudha-Stupa mit vergoldetem Turm, bereits seit Jahrhunderten buddhistisches Heiligtum auf der Handelsstraße von Kathmandu nach Tibet und heute bedeutendstes Pilgerziel aller Exiltibeter in Nepal. Es gibt nur wenige Orte im Kathmandutal von denen eine solch tiefe mystische Spiritualität ausgeht. Im Inneren der Stupa werden vermutlich Reliquien eines Heiligen, vielleicht sogar Überreste von Buddha aufbewahrt. Der Ursprung der Stupa wird im fünften Jahrhundert unter der Licchavi-Dynastie vermutet. Heute ist der Stupa mit 36 Meter Höhe einer der größten weltweit. Weit oben vom Turm blicken die alles sehenden blauen Augen Buddhas auf das alltägliche religiöse und touristische Spektakel. Die Stupa wird von Gläubigen und Besuchern gleichermaßen in der heiligen Kora, der rituellen Umschreitung eines Heiligtums im Uhrzeigersinn, begangen. Es ist ein Eintauchen in eine tief buddhistisch, spirituelle Atmosphäre. Hunderte kleine Gebetsmühlen sind in der Ringmauer um das

Heiligtum eingelassen und manch ältere Pilger umkreisen den Stupa mit Niederwerfungen, um die Kora in ihrer gesamten Körperlänge besonders ehrfürchtig zu praktizieren. Eine Vielzahl an buddhistischen Tempeln, Klosterschulen und religiösen Schreinen umgibt den Stupa und von Sonnenaufgang bis Sonnenuntergang sind aus den Gebetsräumen die Gesänge der Mönche mit Schneckenhörnern, Zimbeln und tibetischen Trompeten, den Dung, zu hören. Die Luft ist übersättigt vom Geruch hunderter ritueller Räucherstäbchen und Butterlampen. Neben einer riesigen Gebetsmühle am Eingang zu einem Heiligenschrein hockt eine scheinbar uralte Nonne im roten Gewand. Ihr Gesicht ist mit unzähligen Falten vom Leben gezeichnet. Geradezu malerisch sozialromantisch wirkt dieses Motiv und so ist diese Nonne für ein kleines Opfergeld eines der beliebtesten Fotomotive in Boudhanath. Besonders in der Dämmerung werden unzählige kleine Butterlampen als Opfergabe entzündet. Trotz allem religiösen Treiben und der spirituellen Atmosphäre ist kaum zu übersehen, dass auch hier das Geschäft mit dem Tourismus eine willkommene Einnahmequelle ist. Rund um das heilige Bauwerk gibt es eine Vielzahl an Souvenirläden, Restaurants und Cafés, deren Betreiber auf jeden potenziellen Kunden hoffen.

Auch der Swayambhunath Stupa, 365 steile Treppenstufen hoch auf einem Hügel über Kathmandu gelegen, ist für Nepals Buddhisten ein besonders spiritueller Kraftort und von höchster religiöser Bedeutung. Auf dem ähnlich wie in Boudhanath vergoldeten Kubus sind die Augen Buddhas abgebildet. Zwischen ihnen ist ein drittes Auge angedeutet, welches die innere Weisheit Buddhas symbolisiert. Nach einer Inschrift wird die Errichtung der Stupa auf die Anfänge des 5. Jahrhunderts datiert. Vermutlich wurde der Berghügel jedoch bereits viel früher als heilige Kult- und Opferstätte genutzt.

Um den buddhistischen Stupa ist eine Vielzahl hinduistischer Schreine errichtet. Buddhisten und Hindu verehren diesen heiligen Ort gleichermaßen, ein Zeichen für die komplexen Verschmelzungen des Buddhismus und Hinduismus in Nepal im Lauf der Jahrhunderte.

Die Touristenbezeichnung „Affentempel" gibt wohl kaum die Spiritualität dieses heiligen Ortes wieder, sondern bezieht sich auf Hunderte Rhesusaffen, die auf dem Berghügel allgegenwärtig sind.

Von Swayambhunath bietet sich ein Blick auf das Kathmandutal. So weit das Auge reicht ein dichtes Häusermeer. Enge Gassen und Straßenzüge, aus denen bis hier herauf das Brodeln des Verkehrs zu hören ist. Alles überlagert von einer grauen Smogwolke und in weiter Ferne kaum wahrzunehmen im Dunst der Großstadt, die Vorberge des Himalaya.

Längst sind die drei Königsstädte im Kathmandutal verkehrstechnisch eine einzige Stadt. Während Bhaktapur gut 16 Kilometer entfernt liegt, sind Kathmandu und Patan baulich zusammengewachsen. Nur der Fluss Bagmati trennt beide Königsstädte. An seinem Ufer liegt Pashupatinath, wichtigstes Heiligtum und bedeutendster Pilgerort der nepalesischen Hindus und gleichzeitig UNESCO-Weltkulturerbe. Eine Vielzahl an hinduistischen Tempeln und Schreinen liegen hier. Unmittelbar am Flussufer findet die öffentliche Leichenverbrennung statt. Hier an den Verbrennungsghats, am heiligen Fluss zum Ganges den Tod zu finden, ist der Wunsch vieler Hindus. Es gilt als besonders heilig, am Fluss zu sterben und verbrannt zu werden. Die Toten werden in heiliges Flusswasser getaucht und anschließend im Beisein der Angehörigen auf einem Scheiterhaufen eingeäschert. Die Asche der Toten wird in den heiligen Fluss gestreut, die Seele wandert ins nächste Leben. Entsprechend der Kastenzugehörigkeit werden die Totenverbrennungen an unterschiedlichen Ghats durchgeführt. Als Mitglied der höheren Kaste hatte die Königsfamilie ein eigenes Verbrennungsghat weiter flussaufwärts.

Unmittelbar an den Totenverbrennungsstellen liegen die Badeghats. Ein rituelles Bad im Flusswasser reinigt das Karma und die Sünden aus dem früheren und dem jetzigen Leben und ermöglicht eine bessere Wiedergeburt. Es ist eine innere spirituelle Reinigung, die durch das von Müll und Abfällen stark verunreinigte Wasser scheinbar nicht getrübt wird.

Unmittelbar nach Sonnuntergang wird allabendlich am Flussufer eine hinduistische Gebetszeremonie, die Pashupati Bagmati Aarati gehalten. Während drei Brahmanen heilige Mantras singen, versammeln sich Hunderte Gläubige dichtgedrängt um die Priester. Diese drehen sich im Kreis und schwenken dabei rituelle Feuerschalen und Räuchergefäße. Unter lauten Gesängen wird den Göttern das Licht in Form der Flammen entgegengebracht. An kaum einem anderen Ort Nepals

Vergoldeter Kubus mit den alles sehenden Augen Buddhas am Swayambhunath-Stupa.

erfährt man die tiefe Religiosität der Hindus mehr, als hier in Pashupatinath am Bagmatifluss.

Die drei Königsstädte besitzen jede für sich ihren besonderen und eigenen Reiz. Während Bhaktapur und auch Patan ruhiger und noch fast im mittelalterlichen Charme anmuten, hat Kathmandu eine belebte und quirlige Altstadt. Allen drei Städten gleich ist die Existenz eines Königspalastes mit dem Durbar-Square und einer scheinbar unendlichen Anzahl an Pagoden, Tempeln und Schreinen. Newarische Künstler und Handwerker haben die Bauwerke mit Holzschnitz- und Steinmetzkunst in einer fast unglaublichen Feinheit verziert. Neben dem Hanuman Dhoka, dem alten Königspalast und den vielen Tempeln und Pagoden, sind in Kathmandu besonders die riesige Statue des Affengottes Hanuman und der Kumari Chok, der Wohnsitz der Kindgöttin Kumari, einer lebenden Inkarnation der Hindu-Göttin Durga, sehenswert.

Patan, auch Lalitpur genannt, die Stadt der Schönheit, ist besonders für ihre Kunsthandwerker und nepalesischen Metallarbeiten berühmt. Der buddhistische Goldene Tempel, Hiranya Varna Mahavihar, vermutlich aus dem 12. Jahrhundert, ist vielleicht der schönste Tempel Nepals und ein Kleinod nepalesischer Metallhandwerkskunst. Auf der vergoldeten Fassade sind Abbildungen Buddhas und der Göttin Tara. Im Innenhof ist ein kostbarer Schrein mit Gold und Silber bedeckt.

Das bereits im 9. Jahrhundert gegründete Bhaktapur ist besonders berühmt für sein mittelalterliches Flair und eine ausgezeichnete Töpferkunst. Die Wohnhäuser, Sakral- und Profanbauten sind aus dunkelrotem Ziegelstein mit kunstvoll geschnitzten Holzelementen erbaut und oft mit Kupferblech bedeckt. Im Töpferviertel sitzen die Töpfer an ihren Drehscheiben und verrichten mit großem handwerklichem Geschick ihre Arbeit. Auf dem Platz der Töpfer und in den umliegenden Gassen werden Hunderte Gefäße zum Trocknen in der Sonne aufgestellt, ehe sie gebrannt werden. Der Königspalast in Bhaktapur mit dem Goldenen Tor ist wahrscheinlich der älteste Palast im Kathmandutal und eines der schönsten Kunstwerke newarischer Baukunst. Das Eingangstor aus vergoldetem Kupfer ist mit seinen zahlreichen Figuren und Verzierungen einzigartig in Nepal und ein Meisterwerk filigraner Metallhandwerkskunst. Reichhaltige Schnitzereien verzieren die ganze Fassade des Palastes.

Der Nyatapola Tempel, der hinduistischen Göttin Lakshmi geweiht, ist mit seiner 30 Meter hohen Pagode der größte Tempel Nepals. Über fünf Stockwerke hoch dominiert er alle Bauwerke auf dem nahe gelegenen Taumadhi-Platz. Die newarische Pagodenarchitektur ist maßgebend für die hinduistischen Tempelanlagen im Kathmandutal. Ganze 170 Pagoden und Tempel wurden in Bhaktapur errichtet. Ein riesiges Freilichtmuseum in dem das alltägliche Leben auch heute seinen ganz gewöhnlichen Lauf nimmt. Doch schon längst hat der Wandel in eine moderne Zukunft begonnen. Ein Jugendlicher flitzt mit seinem Moped durch die engen Gassen. Auf dem Rücksitz, nur mit Stricken festgebunden, der neue Flachbildfernseher als Garant für den Blick hinaus in die Welt. In der warmen Nachmittagssonne sitzen Hunderte Menschen im Gespräch vertieft auf den Stufen ihrer alten Tempelanlagen. Auf den Straßen und Plätzen reihen sich die Verkaufsstände aneinander. Straßenhändler verkaufen Obst und Gemüse, aromatische Gewürze und alles, was zum Leben benötigt wird.

Ein kleiner typischer Verkaufsladen am Durbar-Square nahe dem Königspalast.

Nächste Seite: Das hinduistische Heiligtum Pashupatinath mit dem Pashupati Mandir liegt am Bagmatifluss. Hier am Flussufer finden täglich öffentliche Leichenverbrennungen statt.

अडर अनुसारका

POLICE
CHECK

Manaslu

Berg der Seele

Noch im Dunkel der Nacht brechen wir auf. Es ist Anfang November. In den frühen Morgenstunden ist es empfindlich kalt. Eingequetscht zwischen den engen Sitzreihen im vollbesetzten Bus verlassen wir Kathmandu. Neben mir mein befreundeter Bergführer Darinji Sherpa. Bereits seit gut zwei Stunden quält sich unser Bus in einer endlosen Schlange stinkender Lastwagen, Autos und Motorräder über staubige unbefestigte Straßen durch die kilometerweiten Vororte. Immer mehr Menschen aus den Bergen versuchen sich am Rande von Kathmandu in schnell errichteten Wellblechhütten anzusiedeln. Die Stadt platzt aus allen Nähten.

Erstes Tageslicht bricht sich mühsam durch eine Wolke aus Abgasen, Ruß und Staub. Das Kathmandutal liegt unter einer dichten Smogwolke, das Atmen fällt schwer und nur noch selten sind die Berge des Himalaya im Dunst zu sehen. Innerhalb weniger Jahre hat sich der Verkehr in und um die nepalesische Hauptstadt unermesslich vervielfacht. Häuser, Fensterscheiben, Bäume und Autos sind von einer dicken Staubschicht überzogen. Kaum jemand macht sich die Mühe, den Staub zu entfernen. Nur der Monsunregen schafft von Juni bis September für einige Wochen Abhilfe, die Atemluft wird für kurze Zeit erträglicher, ehe wenig später alles wieder erneut im Staub versinkt.

Stunden später verlassen wir das hektische Verkehrschaos der Millionenstadt. Eine schmale Straße windet sich in engen Serpentinen in die Berge hinauf. Immer noch fahren wir in einer Kolonne von schwer beladenen Lastwagen, welche Waren und Lebensmittel von und nach Kathmandu bringen. In waghalsigen Überholmanövern, vor unübersichtlichen Kurven und unmittelbar am Abgrund zum Flusstal des Trishuli versucht jeder, das Letzte aus seiner Maschine herauszuholen, um sich auch nur eine einzige Wagenlänge weiter vorne seinen Platz in der Fahrzeugkolonne zu erkämpfen. Lautes Hupen vor jeder Kurve soll den Gegenverkehr warnen. Gelegentlich am Straßenrand liegende Autowracks lassen erahnen, dass diese Überholmanöver nicht immer gut ausgehen.

Endlich, nach vielen anstrengenden Stunden erreicht unser uralter, verbeulter Bus den Abzweig nach Arughat Bazar, unserem Startpunkt zum Manaslu. Eine kleine Straße mit unzähligen Schlaglöchern führt in die Berge hinauf. Weniger Lastwagen und Fahrzeuge, weniger Staub und Abgase. Immer häufiger reißt jetzt der Himmel auf und gibt den Blick frei auf die Vorberge des Himalaya. Tiefe, mit feuchtwarmem Bergurwald bewachsene Schluchten und kleine Dörfer wechseln einander ab. Bei jedem Halt verkaufen Einheimische am Straßenrand durch geöffnete Busfenster kleine zuckersüße Bananen, geröstete Erdnüsse, Mandarinen, Chips und Getränke. Kinder drängeln sich in den Bus um Süßigkeiten zu verkaufen. Eine besondere Spezialität sind Pakora oder Samosa – frittiertes Gemüse oder Teigtaschen mit Gemüsefüllung und grünem Koriander in Öl ausgebacken, eine Handvoll davon hastig in altes Zeitungspapier gewickelt und für wenige Rupees bei jedem Busstopp durchs Fenster gereicht. Sofort hat im

Vorherige Seiten: Zahlreiche Hängebrücken aus Stahlseilen, wie über den Fluss Budhi Gandaki, überspannen gefährliche Schluchten und erleichtern die Wege durch Nepals Bergwelt.

Links: In Samagoan verabschiedet sich eine alte Frau mit gefalteten Händen von ihrer Familie, ehe sie den weiten Weg nach Kathmandu antritt.

eben noch verschlafenen Bus ein geschäftiges Essen begonnen, während aus den knarzenden Lautsprechern ohrenbetäubend laut und schrill die neuesten Hits der nepalesischen Popmusik dröhnen.

Durch alljährliche Unwetter ist die schmale Straße längst nur noch zu einer holprigen Strecke mit kopfgroßem Geröll ausgewaschen und nur mit Mühe kann der erfahrene Fahrer den Bus in Schrittgeschwindigkeit über die schwierige Piste voranbringen. Kommt dann noch Gegenverkehr, müssen die Fahrzeuge oft haarsträubend knapp am Abgrund aneinander vorbeifahren. Ganz selbstverständlich, dass der Fahrkartenverkäufer und Beifahrer sich während der Fahrt am langen Arm auf der untersten Trittstufe weit aus der geöffneten Bustür und oft über dem Abgrund hinauslehnt, um dem Fahrer mit Klopfzeichen am Bus zu signalisieren, ob er an der Engstelle vorbeikommt.

Mitten in einem Flussbett bleiben wir stehen. Während die Reisenden geduldig warten, beginnt der Busfahrer in aller Ruhe seinen Bus zu waschen. Bereits wenige Kilometer weiter versperrt eine Schlamm- und Gerölllawine die Weiterfahrt. Bis zu den Achsen versunken, wühlt sich der Bus durch den Schlamm. Unglaublich mit welcher Geschicklichkeit der Fahrer es immer wieder schafft, den vollbesetzten Bus beharrlich Meter für Meter weiterzubewegen.

Nach zehn Stunden Busfahrt steigen wir durchgerüttelt und erschöpft in Arughat im Tal des Buddhi Gandaki aus. Es ist die letzte Ortschaft mit Straßenanbindung vor dem Weg in die Berge. Dadurch hat sich der Ort zum Marktflecken der ganzen Region entwickelt. Vom neuesten Handy in verstaubter Verpackung, über Baumaterialien, Lebensmitteln, Werkzeugen und Kleidung ist hier alles zu bekommen. Hier in Arughat sind wir in eine andere Welt eingetaucht. Den Lärm aus dem Kathmandutal haben wir zurückgelassen. In der Abenddämmerung laufen wir durch den kleinen Ort. Zwei Kinder schnipsen mit den Fingern Glasmurmeln über den staubigen Dorfplatz und lächeln mich neugierig an. Im nahe gelegenen Teehaus bekommen wir Essen und Unterkunft für die Nacht.

Am nächsten Morgen brechen wir auf. Am Dorfrand hocken drei Frauen und Mädchen auf meterhohen Schotterhaufen. Mit einem Hammer und einem Gummiring zum Schutz gegen umherfliegende Gesteinssplitter zerschlagen sie Geröll und Felsgestein zu Schotter für den Straßenbau. Die Straße soll von hier aus weiter ins Tal gebaut werden. Während die abgelegenen Dörfer bisher nur schwer erreichbar waren, werden inzwischen überall Straßen, oft mit chinesischer Hilfe, in die Berge gesprengt. Die Unterstützung der Chinesen ist dabei weniger als nachbarschaftliche Hilfe zu verstehen, sondern vielmehr als geostrategische Berechnung.

In den nächsten Tagen steigen wir im Flusstal des Budhi Gandaki aufwärts. Gut 16 Tage werden wir zu zweit unterwegs sein, um den Manaslu zu umrunden, durch dichten Bergurwald, mit Rhododendron und großartigen Himalaya-Tannen bewachsen, später immer höher jenseits der Baumgrenze im alpinen Gelände zum Larkya-Gletscher hinauf. Eine Reise durch verschiedene Klimazonen vom subtropischen Urwald auf 600 Metern bis hinauf zum Larkya-Pass in fast 5200 Meter Höhe mit hochalpinen, eisigen und lebensfeindlichen Temperaturen.

Tiefe Schluchten, glasklare Flüsse, schmale Pfade in den steilen Felsen gehauen, seit Jahrhunderten von den Menschen hier angelegt und begangen. Viele Tage von der nächsten Straße entfernt, sind die steilen Pfade zu den Dörfern in den Bergen nur zu Fuß begehbar. Die Bewohner des Himalaya haben sich über einen langen Zeitraum diesen extremen Lebensbedingungen angepasst. Lebensmittel, Baumaterialien, Wellblech, alles, was zum Leben benötigt wird und nicht selbst erzeugt werden kann, muss mühsam, meist in geflochtenen Tragkörben hinaufgebracht werden. Immer wieder begegnen wir Trägern und Eselkarawanen, die schwere Lasten auf ihrem Rücken in die Berge schleppen. Wir treffen Pawang. Der freundliche alte Mann ist vielleicht 65 Jahre alt. Seit Tagen trägt er bis zum letzten Dorf vor dem Pass einen großen Drahtkäfig mit zwölf kräftigen Hennen auf dem Rücken, obendrauf noch zusätzliches Gepäck. Nur getragen mit einem Namlo, einem Stirnband, und mindestens 50 Kilogramm schwer. Auf einer kleinen Wiese lässt er seine Hühner zum Fressen frei und sammelt sie später wieder ein.

In den nächsten Tagen werden wir Pawang immer wieder auf unserem gemeinsamen Weg nach oben begegnen.

Hunderte Meter lange Hängebrücken aus Stahlseilen überspannen die tiefen Flusstäler. Noch bis vor wenigen

Im Flussbett des Budhi Gandaki wäscht ein Fahrer seinen Bus, während die Reisenden geduldig auf ihren Plätzen verharren.

Jahren mussten die Bewohner auf gefährlich steilen Pfaden zum Fluss ab- und aufsteigen, um das reißende Wasser über waghalsige Brücken zu überqueren. Immer wieder wurden diese Brücken bei Unwettern zerstört. Die neuen Stahlseilbrücken erleichtern den Weg in die Berge. Schwer beladene Eselkarawanen kommen uns entgegen. Wenn man sieht, wie viele Esel gleichzeitig über die Brücken laufen, braucht man sich über die Tragfähigkeit wohl keine Gedanken zu machen.

Nepal ist geprägt durch seine Religionen. Während unten im Tal die Menschen hauptsächlich dem hinduistischen Glauben folgen, ist hier oben in den Bergen der Buddhismus allgegenwärtig. Es ist aber nicht ungewöhnlich, dass an heiligen Plätzen hinduistische Gottheiten unmittelbar neben Buddhafiguren zu finden sind. Schließlich sind auch beide Religionen von gemeinsamen tantrischen Traditionen geprägt. Hier oben in den Bergen, schon von Weitem sichtbar, sind Gebetsfahnen und Gebetsmühlen am Eingang eines jeden Dorfes oder auf den Passhöhen aufgestellt. Auf den Gebetsfahnen und im Inneren der Gebetsmühlen, auf kleinen Papierrollen sind Mantras, heilige Gebete und Verse und das Windpferd abgebildet, die den Wunsch der Menschen nach Frieden, Harmonie und Glück verstärken sollen. Das aufgedruckte Windpferd soll die Gebete der Menschen in die ganze Welt hinaus und dem Himmel entgegenbringen.

Die fünf verschiedenen Farben der Gebetsfahnen, Blau, Weiß, Rot, Grün, Gelb stehen dabei für die vier Himmelsrichtungen und das Zentrum des Universums

und symbolisieren gleichzeitig die fünf Grundelemente des Buddhismus: Leere, Luft, Feuer, Wasser und Erde.

An einem Bachlauf drehen sich heilige Mantras in einer Plastiktonne als Gebetsmühle, wie ein Wasserrad von der Kraft des Wassers angetrieben. Aber auch an Dorfeingängen stehen eine ganze Reihe Gebetsmühlen, an denen kleine Kinder spielen. Schon die Kinder wissen, dass sich beim Drehen der Mühlen die Wirkung der Gebete und Wünsche um ein Vielfaches erhöht.

Das Leben der Menschen wird auch heute noch von der Natur, von den Jahreszeiten bestimmt. Kein Auto, kein Fernseher setzt hier Prioritäten, sondern das Wetter, die Ernte, die gegenseitige Hilfe der Menschen untereinander. Auf kleinen Terrassenfeldern werden in der kurzen Vegetationszeit während der Sommermonate Reis, Gerste, Kartoffeln und etwas Gemüse angebaut. Nach der Ernte ist auf vielen Höfen bis in die Nacht hinein das Schlagen der Dreschflegel zu hören. Kinder und Frauen schlagen mit Stöcken auf einen am Boden aufgehäuften Berg Perlhirse ein, um die kleinen Körner aus den Ähren zu lösen.

Die Menschen leben oft weitgehend noch von eigenen Erzeugnissen. Bäume werden an den steilen Berghängen gefällt, die Baumstämme werden auf eine Rampe gerollt und dort in Handarbeit zu Balken und Brettern gesägt. Dabei steht ein Arbeiter unter, ein zweiter auf dem Stamm. In gleichmäßigem Rhythmus wird die gut zwei Meter lange Handsäge senkrecht durch den Stamm gezogen.

Viele Häuser in den Dörfern sind heute noch immer aus Naturstein gebaut. Die Steine für den Hausbau werden mit der Hand in unglaublicher Präzision kantengenau mit einem Hammer behauen. Die Dächer der alten Häuser sind traditionell mit Steinplatten gedeckt. Für die neuen Häuser wird inzwischen zunehmend Wellblech verwendet.

Tagelang laufen wir durch subtropischen Bergwald mit dicht bewachsenen Berghängen, der Blick auf die Schneeberge des Himalaya bleibt uns noch lange verwehrt. Endlich, im Dorf Lho auf 3200 Meter Höhe, zeigt sich der erste schneebedeckte Berg, der Manaslu. Majestätisch erhebt sich der 8163 Meter hohe Riese als einziger Schneegipfel über dem weiten Tal. Unterhalb, am Dorfrand, liegt auf einem Berghügel ein kleines buddhistisches Kloster mit einer Klosterschule, in der Kinder aus den umliegenden Dörfern unterrichtet werden.

Am nächsten Morgen bin ich in der frühen Dämmerung unterwegs, um den Manaslu zum Sonnenaufgang zu erleben. Magisch leuchtet der Berg im Licht der ersten glühenden Sonnenstrahlen auf, während das Tal immer noch im nächtlichen Schatten und eingehüllt in eisiger Kälte verharrt. Tief unter mir liegen abgeerntete Felder und das kleine Dorf. Blauer Rauch steigt aus den Häusern in die kalte Morgenluft. Mit Holz und Kuhdung werden die ersten Feuer angefacht, um Wasser für Tee und Essen zu kochen.

Wenig später kehre ich zum Dorf zurück. Längst hat die Sonne das ganze Tal überflutet.

In der warmen Herbstsonne sind die Menschen draußen bei der Arbeit, am Webstuhl, auf dem Feld.

Frauen tragen in großen Körben Holz herbei, welches oft viele Stunden vom Dorf entfernt gesammelt wird. Die Kinder suchen auf den abgeernteten Feldern Kuhdung als Brennmaterial. Die Bergbewohner bereiten sich auf den Winter vor. Von Tag zu Tag wird es kälter. Mitte Januar kommt der Schnee, das Dorf versinkt im Winterschlaf. Die Menschen verkriechen sich in ihren Häusern. Schon jetzt im November sind die Temperaturen nachts weit unter dem Gefrierpunkt.

Auf dem Weg durchs Dorf begegnen mir drei ältere Frauen mit ihren Tragekörben. Sie bekommen von ihren Nachbarn kleine Geldscheine zugesteckt. In den nächsten fünf bis sechs Tagen werden sie den steilen Bergpfad zur Straße nach Arughat absteigen, mit dem Bus nach Kathmandu fahren, um den kalten Winter bei

Linke Seite: Einen Drahtkäfig mit 12 fetten Hennen trägt der alte Pawang tagelang zu seinem Dorf hinauf.

Rechts unten: Eine 175 Kilogramm schwere Teppichrolle wird von einem Sherpa in die Berge getragen.

Verwandten zu verbringen. Für diese Reise bekommen die siebzigjährigen Frauen etwas Geld geschenkt. Fast unglaublich, dass sie diesen beschwerlichen Weg ins Tal laufen und wer weiß schon, ob sie nach dem kalten Winter im Frühjahr noch die Kraft haben werden, um ins Dorf zurückzukehren?

Zur Verabschiedung der Großmütter, die immer wieder liebevoll „bajei" genannt werden, bin ich ins Haus der Familie eingeladen. Im Inneren ist es fast dunkel. Das Feuer auf der Kochstelle erleuchtet den Raum nur spärlich und es dauert einige Minuten, ehe sich die Augen an die Dunkelheit gewöhnt haben. Alles im Inneren des Raumes ist rauchgeschwärzt vom jahrelangen Gebrauch des offenen Feuers. Die Holzbalken, Wände und Decken, Wandschränke und Truhen in denen Gerste und Reis aufbewahrt werden, atmen den Ruß von Generationen. Wir nehmen am Boden um das Feuer Platz. Auf dem uralten Holzfußboden befindet sich die Feuerstelle, ein nur wenig erhöhter tischgroßer Holzrahmen, welcher mit Steinen und Lehm aufgefüllt ist. Darauf brennt das Feuer. Holzscheite werden nachgeschoben, beißender Rauch füllt den Raum, treibt mir Tränen in die Augen und kräuselt sich seinen Weg in blauen Schwaden durch eine kleine Öffnung im Dach hinaus ins Freie. Ein rußschwarzer Wasserkessel steht im Feuer und wenig später trinken wir gemeinsam lauwarmen, mit Wasser verdünnten Rakschi, Reisschnaps. Während wir am Feuer sitzen, streicht ein älterer Mann uns zur Segnung eine Fingerspitze Ghee – geklärte Butter – auf die Stirn. Die drei Frauen bekommen weiße Khataks, um den Hals gehängt. Diese glücksverheißenden Schals sind ein Zeichen der Ehrerbietung und des Wohlwollens. Unter Tränen werden die Frauen von ihrer Familie verabschiedet. Im warmen Licht der Nachmittagssonne machen sie sich auf den Weg ins Tal.

Oberhalb der kleinen Ortschaft Samagaon liegt das Basislager des Manaslu in 4800 Meter Höhe. Ein anstrengender Weg führt am türkisfarbenen Birandra-Kundh-See vorbei zum Lager. Der Manaslu, einer der vierzehn Achttausender, wurde 1956 von einer japanischen Expedition erstbestiegen.

Das Dorf Lho in den frühen Morgenstunden. Rauch steigt zwischen den Hausdächern auf.

Samagaon in 3500 Meter Höhe, ist das letzte größere Dorf vor dem Larkya-Pass. Weiter oben gibt es noch kleine Ansiedlungen bis auf 4000 Meter Höhe. Ein dauerhaftes Leben in dieser Höhe ist kaum vorstellbar und trotzdem haben sich die Menschen diesen extremen Bedingungen angepasst. Selbst im Sommer sinken die Temperaturen häufig unter den Gefrierpunkt. Wir sind oberhalb der Baumgrenze. Immer schwieriger wird die Beschaffung von Brennholz, über viele Stunden muss es aus dem Tal hinaufgetragen werden und so wird immer noch getrockneter Yak- oder Kuhdung als Brennmaterial verwendet. In den letzten Jahrzehnten wurden vermehrt große Baumbestände für Baumaterial und als Brennholz abgeholzt. Bereits die Hälfte des Baumbestandes im Himalaya ist in einer überschaubar kurzen Zeit von wenigen Jahrzehnten verloren gegangen. Überbevölkerung und der immer stärker zunehmende Tourismus tragen durch den Bau von neuen Unterkünften und der Zubereitung von Nahrung wesentlich dazu bei, die Holzressourcen zu verringern. Inzwischen werden die Betreiber der Gasthäuser angehalten mit Gas zu kochen, um den wertvollen Baumbestand zu schützen. Selbst Einheimische dürfen in vielen Regionen Nepals nur noch zu festgelegten Zeiten bestimmte Mengen Holz als Brennmaterial sammeln. Die Abholzung der Bergurwälder führt zu einer vermehrten Erosion des Bodens. Regenwasser kann im Boden nicht mehr gespeichert werden, es kommt oft zu sintflutartigen Überschwemmungen und für die Landwirtschaft wertvoller Nährboden wird ins Tal gespült.

Die letzte Übernachtungsmöglichkeit vor dem Larkya-Pass befindet sich in Larke Phedi in 4460 Meter Höhe. Eine kleine Unterkunft, die nur betrieben wird, solange der Pass witterungsbedingt begehbar bleibt. Wenn der Schnee kommt, bleibt der Weg über den Pass für viele Monate unpassierbar. Schnell sind die wenigen Schlafplätze in der einfachen Holzhütte belegt und wir übernachten im Zelt, nur einige Meter von der Hütte entfernt. Eisiger Sturmwind zerrt nachts an unserem Zelt, die Temperaturen sind längst weit unter dem Gefrierpunkt. Eingemummelt im dicken Daunenschlafsack überstehen wir die kalte Nacht. Eine Überwindung ist es, am frühen Morgen aus dem warmen Schlafsack zu kriechen, um mit froststarren Fingern den Rucksack zu packen.

Noch in der Dunkelheit der Nacht brechen wir zum Pass auf. Frostige Temperaturen, stürmischer Wind und ein sternenklarer Nachthimmel begleiten uns. Siebenhundert anstrengende Höhenmeter geht es bergauf. In vier bis fünf Stunden hoffen wir, den Pass zu erreichen. Der Wind hat etwas nachgelassen, bläst trotzdem noch unablässig winzige Eiskristalle ins Gesicht. Mit Stirnlampen versuchen wir uns in der Dunkelheit zu orientieren. Der Aufstieg wird zunehmend beschwerlich, die Höhe macht sich mit Kopfschmerzen bemerkbar. Auf etwa 5000 Metern erreichen wir ein Hochplateau, welches sich gut zwei Wegstunden mit wenig Steigung bis zum Pass zieht.

Ein heller Saum am Horizont kündigt endlich den Morgen an. Während die letzten Sterne am Himmel verblassen, taucht das kalte Morgenlicht die schneebedeckten Berge in ein magisch leuchtendes Weiß vor dem noch dunklen Himmel. Nur wenige Augenblicke später berühren die ersten Sonnenstrahlen ganz sanft die Berge, die Gipfel erglühen im Licht der Morgensonne. So weit oben in den Bergen, umgeben von der eisigen Kälte der Eisriesen, erleben wir die Kraft und Schönheit der Natur in einem unvergesslichen Tanz der Sonne. Wir fühlen uns ganz nah am Puls der Natur.

Längst sind wir in dieser Höhe im Schnee und Eis unterwegs. Wie ein gleißendes Licht schieben sich die ersten langersehnten wärmenden Sonnenstrahlen über eine Bergkette auf uns zu. Schon können wir die kraftvolle Wärme der Sonne spüren und mit der letzten Anstrengung erreichen wir den Larkya-Pass in 5160 Meter Höhe. Nur wenige Minuten Zeit bleiben uns oben auf dem Pass, es ist zu stürmisch und noch steht der lange Abstieg bevor. Über steile Schnee- und Eisstufen klettern wir abwärts. Stunden sind wir unterwegs, ehe wir die riesigen Geröllhalden alter Gletschermoränen erreichen. Unmittelbar am Salpudandagletscher steigen wir abwärts. Immer spektakulärer öffnet sich der Ausblick auf umliegende schneebedeckte Berge der Manaslu- und jetzt auch der Annapurnaregion nach Nordwesten. Eine atemberaubende Bergkulisse.

Bis nach Bimtang, einem ersten Bergdorf hinter dem Pass, dauert der Abstieg – ganze 1500 Höhenmeter.

Rechte Seite: Eine junge Frau mit Tragekorb bei der Getreideernte.

Schon am nächsten Tag wird es deutlich wärmer. Gletscherwasser sucht sich gurgelnd seinen Weg ins Tal zum Dudh-Khola-Fluss. Wir erreichen die Baumgrenze und tauchen in einen Bergurwald ein. Der warme Duft der grünen Bäume lässt uns aufatmen, lässt die Kälte vergessen. Im Rückblick zwischen dem Grün des Waldes grüßen, inzwischen schon in weite Ferne gerückt, die Berggipfel des Manaslu Himal. Längst ist der Dudh Khola zu einem unbändigen Fluss herangewachsen, dessen grünlich-milchfarbenes Wasser über jedes Hindernis brüllend laut zu Tal donnert.

Die Vegetation wird immer abwechslungsreicher. Blühende, leuchtend rote Weihnachtssterne, zu Hause mühsam im Blumentopf gezogen, wachsen hier in meterhohen Hecken. Wärmer und wärmer wird es, wir tauchen ein in subtropisches Klima. Je tiefer wir kommen, umso dichter ist auch das Tal besiedelt. Kleine Dörfer wechseln sich ab mit winzigen Terrassenfeldern und Bananenstauden an steilen Berghängen. Während oben auf Passhöhe scheinbar alles Leben gefriert, ist es hier so warm, dass die Gerste gerade zur Ernte ansteht. Wasserfälle rauschen von den steilen Felswänden, auf schmalem Trampelpfad durchqueren wir sonnendurchflutete Bambuswälder. In die senkrechte Felswand der gegenüberliegenden Talseite ist die neue Piste hinauf nach Manang gesprengt. Winzig klein zu sehen, kämpfen sich die Jeeps in Schrittgeschwindigkeit, schwer beladen mit Menschen und Waren, hinauf in die Berge. Sie bringen den lang ersehnten Fortschritt, aber auch die Veränderung der bisherigen Lebensweise der Bergbewohner.

Manaslu, der Name des Berges ursprünglich aus dem Sanskrit, bedeutet so viel wie „Berg des Geistes“, „Berg der Seele“, gleichzeitig Wohnsitz der Göttin Kambung. Es sind viele neue Einflüsse, die das Leben in den Bergen und damit auch die Seele der Berge dauerhaft verändern. Schwere Bulldozer reißen immer neue, tiefe Wunden in die empfindliche Natur des Himalaya. Und vielleicht schaut gerade jetzt die Göttin vom Gipfel des Manaslu überrascht auf die vielen Veränderungen in ihrem Land.

Traditionelle Wohnküche mit dem typischen Blechofen als Kochstelle. An den Wänden befinden sich Regale für Töpfe, Küchenutensilien und Lebensmittel.

Oben: Darinji, Freund und Guide, und der Autor vor Gebetsfahnen am Larkya-Pass in 5160 Meter Höhe.

Unten: Buddhistischer Torstupa mit Gebetsfahnen am Ortsausgang von Lho.

Rechts: Der Manaslu, der Berg der Seele, leuchtet bei Sonnenaufgang im magischen Licht.

Seite 39/40: Majestätisch erhebt sich die Ostwand des 8163 Meter hohen Manaslu vor dem nächtlichen Sternenhimmel.

WEL COME TO
LUKLA
NUMBUR HOTEL
HOTEL
LA VILLA SHERPANI
2

4

Mount Everest

Auf Tuchfühlung mit dem Horizont

Ein Blick aus dem Fenster lässt auch hartgesottene Fluggäste schaudern. Fast hat es den Anschein, dass die Tragflächen der Maschine die steilen Berghänge berühren. Mit lautem Propellergeräusch windet sich unser kleines Flugzeug in geringer Höhe zwischen Bergen und Tälern hindurch. Es fliegt so niedrig, dass die arbeitenden Menschen auf den kleinen grünen Feldern unter uns deutlich erkennbar sind. Hunderte winzige Felder in Terrassen am steilen Berghang angelegt, liegen unter uns und dazwischen einzelne Hütten, kleine Siedlungen, die Häuser fast immer mit blauem Wellblech bedeckt. Steile Pisten ziehen sich in unzähligen Serpentinen in die Vorberge des Himalaya. Wolkenfetzen ziehen flüchtig an uns vorbei. Das Wetter sieht nicht gut aus. Noch vor einer halben Stunde hatte ich nicht mehr daran geglaubt, heute noch nach Lukla zu kommen. Morgens um sechs Uhr sollte unser kleines Flugzeug starten. Längst ist es nach Mittag. Schon am Vorabend im Hotel hatte ich etwas ungläubig gestaunt, als Mingmar, mein nepalesischer Tourplaner, mit selbstverständlicher Sicherheit sagte, dass wir erst um fünf Uhr zum Flughafen aufbrechen müssen und nicht eher. Wir werden den Flughafen erst unmittelbar vor sechs Uhr erreichen. Ob das gut geht? Mingmar sollte Recht behalten. Die kleinen Maschinen mit nur wenigen Sitzplätzen starten nur auf Sichtflug bei gutem Wetter. Und heute ist schlechtes Wetter, grau und wolkenverhangen. Stundenlanges Warten auf dem Flughafen, dann endlich der verspätete Aufruf zum Flug. Nur wenige Minuten später die erste Stornierung und zurück zur Wartehalle. Erneuter Aufruf, erneute Stornierung. Zuckersüßer Kaffee im Plastikbecher mäßigt die lange Wartezeit im dichten Gedränge der Wartehalle. Einmal schaffen wir es bis zum Flugzeug, beim nächsten Mal haben wir bereits im Flugzeug Platz genommen. Nach halbstündigem Warten doch wieder zurück zur Wartehalle, immer noch kein Flugwetter. Dann plötzlich geht alles ganz schnell, ein erneuter Aufruf. Ein kleines Wolkenloch in den Bergen von Lukla, ein kurzes Zeitfenster. Wir rennen zum Flugzeug und wenige Minuten später sind wir bereits in der Luft.

Unser zweimotoriges Propellerflugzeug ist eine Dornier 228-202 der Sita Air für maximal 19 Passagiere. Das Cockpit ist nur durch einen offenen Vorhang abgetrennt. Die beiden Piloten, in dicke schwarze Lederjacken gekleidet, verstehen ihre Arbeit. Souverän steuern sie ihre Dornier zwischen den Bergen hindurch. Der Flug und die Landschaftseindrücke sind überwältigend schön, wenn da nicht dieses graue Nichts wäre, welches unsere Maschine gelegentlich verschluckt. Fliegen wir nicht vielleicht doch unmittelbar hinter der nächsten Wolkenbank auf einen Berghang zu? Ich schließe meine Augen und lehne mich zurück. Lukla gilt als einer der gefährlichsten Flughäfen der Welt. Und dabei ist die Landepiste in Lukla nur eine von vielen gefährlichen in den Bergen des Himalaya, aber eben die bekannteste. Alle paar Jahre kommt es zu schweren Unglücksfällen.

Der Landeanflug in Lukla ist tatsächlich spektakulär und atemberaubend. Wir fliegen um einen letzten

Vorherige Seite: Die nur 527 Meter lange und abschüssige Start- und Landebahn des Tenzing-Hillary-Airport in Lukla zählt zu den gefährlichsten Landepisten der Welt.

Links: Blick auf den Gokyo-See und die Himalayakette mit Mount Everest, Nuptse, Lhotse und Makalu vom 5417 Meter hohen Renjo-La-Pass.

Tagtäglich werden große Lasten und das Gepäck der Touristen von Sherpas in die Region des Solukhumbu getragen.

Berg und plötzlich liegt unter uns die kurze Start- und Landebahn. Bei der Landung befindet sich am Ende der Bahn ein Berghang, beim Start in der Gegenrichtung ein jäher 600 Meter tiefer Abbruch zum Dudh-Koshi-Fluss. Mein erster Gedanke – auf der kurzen Bahn wollen wir landen? Wir fliegen auf eine Felswand zu. Punktgenau setzt der Pilot die Maschine am Anfang der nur 527 Meter langen Rollbahn auf und startet sofort das Bremsmanöver. Wenn er es nicht schafft, die Maschine rechtzeitig abzubremsen, kollidieren wir mit der Felswand am Ende der Landebahn. Rechtzeitig dreht der Pilot die Maschine auf den nebenliegenden Stellplatz ab.

In der Saison starten und landen hier täglich bis zu 50 Maschinen, manchmal fast im Minutentakt. Hunderte Trekkingtouristen in neuester, bunter Hightech-Outdoorausrüstung drängeln sich im Flughafengebäude, während die nepalesischen Helfer und Träger das Gepäck ihrer Kunden einsammeln. In der Hauptsaison tummeln sich dann auch mehr Bergwanderer als Einheimische in dem ehemals unscheinbaren Ort. Entsprechend touristisch geht es in Lukla zu und längst werden in kleinen Cafés und Restaurants Schwarzwälder Kirschtorte, Yaksteak rare, medium oder well done und andere typisch westliche Leckereien angeboten. Während frühere Expeditionen noch gut eine Woche lang den weiten Anmarschweg von Jiri nach Lukla zu Fuß zurücklegen mussten, ist der Tenzing-Hillary-Flughafen heute wichtigster Startpunkt für Trekking- und Bergtouren in der Region. Seit Jahren wird inzwischen auch an einer neuen Straßenverbindung nach Tschaurikharka unterhalb von Lukla gebaut. Die schweren Bagger und Bulldozer rücken immer näher heran. Sowohl der Flughafen als auch die neue Straße werden die Region endgültig verändern. Wegen finanzieller Einbußen durch den Covid-19-bedingt ausgebliebenen Tourismus, ist der Weiterbau der Straße ins Stocken geraten.

Noch ist der Himmel über den Bergen grau und wolkenverhangen, doch schon am nächsten Morgen haben sich alle Wolken verzogen. Wir steigen auf in den Solukhumbu, die Everest-Region im Mahalangur Himal. Hier liegt auf der Grenze zu Tibet, der mit über 8849 Metern höchste Berg der Welt, der Mount Everest, oder wie er eigentlich in Nepal und in Sherpasprache richtig heißt, die Chomolungma – „Stirn des Himmels" oder tibetisch: „Göttliche Mutter Erde". Im Jahr 1856 wurde der Berg nach dem englischen Leiter einer indischen Vermessungsexpedition Sir George Everest benannt. Mehr als hundert Jahre später, am 29. Mai 1953 gelang dem neuseeländischen Bergsteiger Edmund Hillary zusammen mit seinem nepalesischen Begleiter Tenzing Norgay die Erstbesteigung.

Der Aufstieg in den Solukhumbu beginnt in Lukla und führt über Phakding, Namche Bazar und Tengboche immer höher hinauf bis zum Mount Everest. Entlang des Weges finden sich überall buddhistische Manimauern, Stupas und Gebetsfahnen. Meterhohe Felsgerölle liegen am Wegrand, in die das heilige Mantra „Om mani padme hum", das älteste und bekannteste Mantra im tibetischen Buddhismus, auf ewige Zeiten flächendeckend eingemeißelt ist. Als ein Zeichen der Liebe und des Mitgefühls wird dieses Mantra mit den Worten „oh du Juwel in der Lotusblüte" gedeutet. Dabei steht das Mantra für eine Zusammenfassung der Lehren Buddhas.

Immer tiefer tauchen wir in den Solukhumbu ein, die Heimat der Sherpa, Nepals bekanntester ethnischer Volksgruppe. Ursprünglich als Nomaden, ist das Volk der Sherpa vor 300 bis 400 Jahren aus dem nördlich liegenden Tibet hierher eingewandert. Mit zunehmender Landwirtschaft wurden die Sherpa im Solukhumbu sesshaft. Sie sprechen eine eigene Sprache und sind überwiegend Buddhisten. Ihre große, weltweite Bekanntheit erlangten sie durch ihre Dienste als Träger und Führer für Bergexpeditionen.

Heute noch verdienen Sherpa als professionelle Träger ihren Lebensunterhalt. Sie bringen Expeditionsausrüstung in die Hochlager der Berge. Aber auch im Trekkingtourismus tragen sie Lebensmittel, Getränke und die schweren Rucksäcke der Touristen hinauf.

Selbst die höchstgelegene Unterkunft Gorakshep, unmittelbar vor dem Basislager am Mount Everest in 5100 Meter Höhe, hat Bier, französischen Rotwein, Whisky, Cola und Mineralwasser in Plastikflaschen im Angebot. Es ist die heutige Dekadenz des Trekkingtourismus. Viele Bergwanderer möchten während ihres vermeintlich großen Abenteuers auf den abendlichen Konsum in den Unterkünften nicht verzichten. Luxusartikel für Touristen aber auch Baumaterialien, Wellblech und Sperrholzplatten für neue Unterkünfte werden tagelang von Versorgungsträgern hinaufgeschafft. Von Lukla bis Namche Bazar, dem einzigen größeren Ort, laufen diese Träger zwei Tage, bis Gorakshep am Mount Everest ganze acht Tage. Zum Absetzen ihrer schweren Lasten sind entlang des Weges Steinbänke errichtet. Oft werden die Lasten auch einfach nur für eine kurze Pause ohne abzusetzen auf einem mitgeführten T-förmigen stabilen Holzstutzen aufgestützt.

Professionelle Träger transportieren auf einfachen Holzgestellen und nur mit dem Namlo, dem Stirn-Trageband, 80 bis 90 kg. Manche tragen sogar bis zu 120 kg für einen Lohn zwischen 10 und 15 Euro pro Tag.

Schrille nepalesische Popmusik, in höchster Lautstärke vom Handy abgespielt und schon von Weitem zu hören, begleitet besonders die jugendlichen Träger.

Auf schmalem Pfad kommt mir ein Sherpa entgegen, der einen etwa zwei Meter hohen Kühlschrank, originalverpackt im Pappkarton, tagelang in die Berge transportiert. Ein nächster schleppt einen unvorstellbar schweren Stapel vier Meter langer Bretter und ein andermal begegnet mir ein anderer, der eine drei Meter lange Teppichrolle zu einer Touristenunterkunft schleppt. Auf meine Frage nach dem Gewicht gibt er mir lächelnd zu verstehen, dass er 175 kg trägt. Die Träger wissen sehr genau, wie viel Gewicht sie transportieren, da ihr Lohn nach Kilogramm berechnet wird. Üblicherweise werden durchschnittlich 20 Nepalesische Rupees pro Kilogramm und Tag gezahlt. Das sind ungefähr 14 Cent und bei 100 kg Traglast gerade einmal 14 Euro Tageslohn.

Gleich am ersten Tag erwartet uns ein erster langer Aufstieg, dann sehen wir schon die Hillary-Brücke, eine Stahlseil-Hängebrücke, 70 Meter in schwindelerregender Höhe über dem Dudh Koshi, dem „Milchfluss". Unzählige glücksverheißende Gebetsfahnen an den Stahlseilen der Brücke geben ein Gefühl der Sicherheit. Wegen der mitgeführten Sedimente scheint das Wasser des Flusses milchig grün.

ARGNY RID

Je nach Akklimatisation und Kondition dauert der Aufstieg für Bergwanderer von Lukla nach Namche Bazar ein bis zwei Tage. Anfangs noch im dichten Bergurwald am Dudh-Koshi-Fluss entlang, bietet sich nur selten ein Blick auf die schneebedeckten Berge des Mahalangur Himal. Einzig der fast 6800 Meter hohe Kantega zeigt sich nach einer Wegbiegung und hin und wieder noch weit entfernt die beiden Gipfel des Khumbila und Thamserku. Unmittelbar am Aufstieg vor Namche gelingt ein erster zaghafter Blick auf den Mount Everest. Erst hinter Namche Bazar erheben sich die schneebedeckten Bergspitzen des 6600 Meter hohen Thamserku in greifbarer Nähe. Noch vor wenigen Jahrzehnten war Namche ein unbedeutender Ort mit wenigen Steinhütten und einem Marktplatz am Schnittpunkt zweier Wege, dem Handelsweg nach Tibet und dem Weg hinauf zum Mount Everest und hinunter nach Jiri und Salleri. Erst mit dem zunehmenden Bergtourismus erlangte der auf 3500 Meter Höhe gelegene Ort seine Bedeutung. Heute besteht der größte Ort im Solukhumbu überwiegend nur noch aus Unterkünften und Hotels, Restaurants und Einkaufsmöglichkeiten für Trekker aus der ganzen Welt. Zu deutlich höheren Preisen als in Kathmandu, durch den Transportaufwand gerechtfertigt, wird hier alles angeboten, was ein westliches Trekkerherz begehrt.

Der Weg über Namche Bazar hinauf zum Everest Basecamp ist neben der Annapurnarunde der populärste Trek in Nepal. Entsprechend viele Bergwanderer sind hier unterwegs.

Längst hat der Everest Trek restlos alles an Ursprünglichkeit verloren. Es ist die Touristenautobahn, der Trekkinghighway in den Himalaya. Keine schmalen schwierigen Bergpfade, sondern vielfach mit Stufen ausgebaute, breite Wanderwege, an denen alle paar Hundert Meter ein nächster Erfrischungsstand auf zahlungswillige Kunden wartet. Inzwischen haben wohl alle Bewohner der Region ihre bisherige Lebensweise aufgegeben, um sich dem viel einträglicheren Geschäft mit dem Tourismus zu widmen. Kaum eine Familie, die ihr Haus nicht für den Fremdenverkehr umgerüstet hat. So sind

Ein kleiner Junge trägt mit einem Namlo einen traditionellen Tragekorb. Überaus stolz führt er mir seine mobile Musikbox vor.

entlang des Weges in den letzten Jahren unzählbar viele Unterkünfte und Restaurants entstanden. Entsprechend kommerziell geht es zu.

In der Hauptsaison Oktober und November sind täglich bis zu 800 Trekker auf jedem Wegabschnitt unterwegs. Jetzt im kälteren Dezember sind es nur noch etwa 50 am Tag. Der Winter naht, von Tag zu Tag wird es ruhiger auf den Wegen und auch in den Unterkünften. Obwohl die Temperaturen immer weiter sinken, ist es angenehmer in der späteren Jahreszeit unterwegs zu sein.

In den Bergen ist es ganz selbstverständlich und ein Bedürfnis der Anteilnahme, sich zu grüßen und ein paar Worte miteinander zu wechseln. Es stimmt mich nachdenklich, wenn ich in so manches ausdruckslose Gesicht schaue und Wanderern begegne, die auf dem Rückweg ins Tal müde und grußlos an mir vorbeistapfen. Müssten sie nicht strahlen vor Begeisterung und Glück über dieses erlebte Geschenk der Natur? Auf diesem Weg geht heute etwas verloren, was die Menschen in der Abgeschiedenheit der Berge immer zusammengehalten hat. Es ist die gefühlte Verbundenheit untereinander. Wie auch lässt sich diese Verbundenheit aufrechterhalten, wenn so viele Menschen hier gleichzeitig unterwegs sind? Menschen, die einem großen Abenteuer nachjagen, welches auf dieser touristischen Route schon lange keines mehr ist. Warum bin ich selbst auf diesem überlaufenen Weg unterwegs und nicht in den immer noch zu findenden, einsamen Bergregionen? Die Antwort spüre ich in mir, wenn ich den Kopf hebe. Es ist dieser einzigartige Ausblick auf einige der schönsten Gipfel des Himalaya, die Neugier und Freude an einem Naturerlebnis wecken, welches man trotz der vielen Besucher schon auf dem nächsten Bergrücken ganz für sich alleine erfahren kann.

Nur wenige Wegstunden hinter Namche Bazar zaubert die Landschaft einen ersten atemberaubenden Blick auf die Ama Dablam. Das sogenannte „Matterhorn Nepals“ ist einer der schönsten Berge der Welt und 6816 Meter hoch. Aus dem Sanskrit übersetzt bedeutet ihr Name die „Halskette der Mutter“. Filigran und eisgepanzert ragt ihr steiler Gipfel in den Himmel.

Nahe Dingboche steht ein buddhistischer Stupa mit wunderbarem Blick auf den Gipfel des Thamserku.

Die warmen Strahlen der Abendsonne lassen den Berg magisch aufleuchten. Auf einem einsam abgelegenen Felsrücken erlebe ich, wie sich die Farben der Landschaft mit jedem Sonnenstand, mit jedem Augenblick verändern. Tief unten aus dem Tal kriecht unaufhaltsam eiskalter dunkler Schatten die steilen schneebedeckten Bergflanken herauf, während die letzten Sonnenstrahlen den Gipfel im roten Licht erglühen lassen. Nur wenige Minuten dauert dieses Schauspiel des Lichts, ehe der Berg in nächtlicher Kälte versinkt. Langsam breitet sich Dunkelheit aus, tausende Sterne leuchten über der Ama Dablam. Mit der Stirnlampe suche ich meinen Rückweg im Felsgeröll.

Auf einem Bergsattel liegt das Kloster Tengboche, das bekannteste Kloster der Everest-Region. Fast verlassen, gerade mal zwei Mönche sind anwesend, die anderen sind über den kalten Winter ins Tal abgestiegen und so fällt auch die tägliche Morgenpuja aus.

In den frühen Morgenstunden duftet es in den Dörfern nach Wacholderrauch. Ein unverkennbarer Geruch, der jeden durch die Bergwelt Nepals begleitet.

Wacholder, der Baum der Götter, wurde bereits in vorbuddhistischer Zeit auch in der Bön-Religion als heiliger Baum verehrt. Im Buddhismus wird sein Rauch gegen böse Geister und alles Negative verwendet. Zum Schutz des Hauses und der Familie werden täglich Wacholderzweige in kleinen Schreinen und Räuchergefäßen verbrannt.

Auch heute noch ist im Khumbu Energieversorgung und fortschreitende Abholzung ein großes Problem. Nur an drei Tagen im Jahr dürfen die Familien an ausgewiesenen Stellen Brennholz sammeln, um der fortgeschrittenen Abholzung entgegenzuwirken. In diesen Tagen ist die ganze Familie mit Tragekörben unterwegs, um in kurzer Zeit den Brennholzbedarf für das Jahr zu decken. Um der Abholzung entgegenzuwirken, sind inzwischen Parabolspiegelkocher weit verbreitet. Ein kreisrunder, zwei bis drei Meter großer Hohlspiegel, aus einzelnen reflektierenden Spiegelblechen zusammengesetzt, bündelt das Sonnenlicht im Zentrum. Auf einem Rahmen wird dort der Wasserkessel aufgestellt. Die gebündelte Sonnenenergie erreicht mehrere Hundert Grad und erhitzt das Wasser im Kessel in kurzer Zeit.

Je höher wir aufsteigen, umso häufiger begegnen wir zotteligen Yaks. Die domestizierten Haustiere der Sherpas sind wegen ihres dicken Fells erst ab einer Höhe von 4000 Metern anzutreffen. Yaks sind eine Rinderrasse und werden wegen ihrer grunzähnlichen Laute auch Grunzochsen genannt. Über einen langen Zeitraum haben sich die Tiere den extremen klimatischen Bedingungen im Hochgebirge angepasst und dienen den Sherpa als wichtige Lebensgrundlage. Fleisch, Wolle und Leder werden verwertet und aus der Yakmilch wird Käse, Butter und Joghurt zubereitet. Selbst der Dung der Tiere wird getrocknet als Brennmaterial verwendet. Als Nutztiere werden sie zum Tragen großer Lasten und für die Bewirtschaftung der Felder eingesetzt.

Unterwegs begegnen uns jetzt fast täglich Yakkarawanen. Noch vor wenigen Jahrzehnten wurden in weiten Teilen des Himalaya Yaks als Tragetiere für den Fernhandel mit Tibet für den Tausch von Getreide und Salz verwendet. Viele Wochen waren diese Karawanen unterwegs.

Am nächsten Tag erreichen wir in 4400 Meter Höhe die kleine Ortschaft Dinboche. Die Dezembersonne schafft es kaum noch, die Luft in dieser Höhe zu erwärmen, die Temperaturen erreichen tagsüber nur wenige Plusgrade. Sobald die Sonne wieder untergeht, wird es empfindlich kalt, alles gefriert. Die Unterkünfte, nur durch dünne Sperrholzwände abgetrennt, bieten wenig Schutz vor der eisigen Kälte und der beste Daunenschlafsack ist jetzt gerade gut genug. Bei diesen kalten Temperaturen vergisst man doch recht schnell und freiwillig jede Körperpflege. Erst wenn der Schlafsack wie eine alte Fuchshöhle riecht und man sich selber nicht mehr leiden kann, wird die Körperreinigung von Tag zu Tag eine dringlichere und trotz der Kälte nicht mehr aufschiebbare Angelegenheit. Entweder man ersteht in der Unterkunft für wenige Rupees einen Eimer heißes Wasser, welches man sich in einem Bretterverschlag mit der Tasse über den Körper gießt. Oder es bleibt ein Bad unter freiem Himmel im eisigen Gletscherfluss mit Whirlpool und Eispeeling.

Ganz in der Nähe von Dinboche liegt der 5600 Meter hohe Nangkar Thsang, ein geeigneter Aussichtspunkt, um die umliegenden Berge bei Sonnenuntergang zu erleben. Am späten Nachmittag steige ich auf. 1200 Höhenmeter sind es bis zum Gipfel und das Dorf bleibt weit unter mir zurück. Ich merke deutlich die zuneh-

mende Höhe, trotz Akklimatisation der letzten Wochen stellen sich Kopfschmerzen ein, jeder Schritt nach oben wird anstrengender. In zwei Stunden bin ich am Gipfel. Ich habe unglaubliches Glück, Traumwetter, Sonne, blauer Himmel, die über 7000 Meter hohen Eisriesen liegen mir zum Greifen nahe. Es ist ein unbeschreibliches Gefühl, ein Naturerlebnis, das tief in die Seele geht. Ich muss mir immer wieder die Zeit nehmen, mich hinzusetzen, um diese Landschaften in mich aufzusaugen, diese Natur, in der wir Menschen so winzig klein sind, bewusst zu erleben. Demut kommt auf vor dieser großartigen Natur, welche durch uns Menschen immer mehr zerstört wird. Wie lange noch können wir Menschen diese Gletscher und schneebedeckten Berge bewundern?

Dankbarkeit für das Erlebte erfüllt mich, Dankbarkeit auch darüber, gesund zu sein und die Kraft und Möglichkeit für diese Reisen zu haben.

In den nächsten Tagen steigen wir immer höher auf. Auch tagsüber liegen die Temperaturen inzwischen weit unter dem Gefrierpunkt. Alles Wasser ist gefroren. Immer öfter taucht der Pumori auf, ein pyramidenförmiger über 7000 Meter hoher Traumberg, an dessen Fuß das Ziel meiner Reise sein wird.

Der Berg gehört zu einer ganzen Arena schneebedeckter Gipfel, die den Mount Everest umschließen. Über den Gletscher, über Geröll steigen wir aufwärts und erreichen in über 5100 Meter Höhe die letzte feste Unterkunft Gorakshep.

Nachmittags bin ich unterwegs zum Kalar Patthar, einem Berggipfel mit Aussicht auf den Mount Everest. Wolken ziehen auf, ich habe Sorge, dass das Wetter umschlägt.

In 5600 Meter Höhe baue ich mein Stativ auf, ganz allein hier oben in eisiger Kälte, eisigem Sturm.

Es wird ein langes Warten. Alles, was ich in meinem Rucksack an Bekleidung gefunden hatte, habe ich jetzt am Körper. Trotzdem friere ich immer noch. Kurz vor dem Sonnenuntergang steigt ein einzelner Mann zu mir auf, ein russischer Fotograf, der sein Stativ gleich neben meinem aufstellt. Er grinst mich an, packt einen Gaskocher aus und reicht mir wenige Minuten später eine Tasse wunderbar heißen Zitronentee.

Vor uns leuchten im warmen Abendlicht die steilen Firnflanken des 7861 Meter hohen Nuptse, dahinter erhebt sich majestätisch, wie ein riesiger Felskoloss der Mount Everest. Ein schmales, rosarot leuchtendes Wolkenband legt sich wie ein Schal sanft über den Gipfel des höchsten Berges der Welt, ehe dieser vollends im nächtlichen Dunkel versinkt.

Lange bestaunen wir den Sternenhimmel, dann steigen wir mit unseren Stirnlampen im Geröll ab. Auf der letzten Wegstunde kommt uns ein Licht entgegen. Mein Freund und Bergführer Darinji hat sich in Sorge auf den Weg gemacht, mich zu suchen.

Am nächsten Tag führt der Rückweg über den Gletscher, neun Tage sind wir bereits unterwegs. Heute geht es bergab, doch schon morgen werden wir den schwierigen Chola-Pass erreichen.

Noch in der Dunkelheit brechen wir zum Pass auf. Begleitet werden wir von Sturm und eisigen Temperaturen. Über steile Felsabbrüche mit Steinschlaggefahr geht es immer höher hinauf bis zum Gletscher auf Passhöhe. Jeder Höhenmeter wird anstrengender. Sehnsüchtig schaue ich auf ein Zeichen am Horizont, Gebetsfahnen, welche den höchsten Punkt des Weges von Weitem markieren. Gletscherspalten und Eisabbrüche, gut zwei Stunden sind es noch bis zum Pass. Auf der anderen Seite liegt der Abstieg.

Inzwischen hat sich das Wetter gebessert, weit reicht die Aussicht auf die umliegenden Berge. Es sind nur noch ein paar Stunden bis Gokyo. Nur den Ngozumba-Gletscher, den größten Gletscher Nepals müssen wir noch überqueren. Zwischen Geröll und Eistümpeln suchen wir einen Weg zur anderen Seite. In weiter Ferne liegt am Horizont der Cho Oyo, ein weiterer Achttausender.

Endlich erreichen wir Gokyo am gleichnamigen See, 4870 Meter hoch gelegen. Eine kleine Ortschaft, die nur aus Unterkünften und Restaurants besteht. Aus dem westlichen Bhote-Koshi-Tal gelangt man über den 5417 Meter hohen Renjo-La-Pass ebenfalls nach Gokyo. Der Renjo-La-Pass und auch der 5357 Meter hohe Felsgipfel Gokyo Ri, dessen steiler Aufstieg zum Gipfel unmittelbar am See beginnt, ermöglichen traumhafte Ausblicke auf den Mount Everest und umliegende Berge. Doch nur vom Renjo La nach Osten ist die ganze

Aufstieg über den Gletscher zum Chola-Pass auf dem Trek nach Gokyo.

Kette des Solukhumbu überschaubar. Es ist einer der spektakulärsten Ausblicke auf die Himalaya-Bergkette.

Ganze sechs Stunden verharre ich mit meinem Begleiter Dorje am Pass, ehe sich die Abendsonne und wenig später der Nachthimmel auf die Eisriesen herabsenkt. Stille und Dunkelheit breiten sich aus, eiskalter Wind lässt die Natur fühlen. Weiß leuchten die Himalayaberge in nächtlicher Umarmung. Unvergessliche Augenblicke als wohl schönste Belohnung eines langen Tages. Im Dunkel der Nacht steigen wir nach Gokyo ab.

Drei Tage Abstieg sind es nun noch bis hinunter nach Namche Bazar und weiter nach Lukla. Unterhalb von Lukla kommt der Weg von Jiri herauf. Während oberhalb von Namche Bazar die alpine Vegetationsstufe über der Baumgrenze beginnt, herrscht unterhalb von Lukla ein gemäßigtes Klima mit bewaldeten Höhenzügen und zahlreichen kleinen Ortschaften. Schon seit einigen Jahren ist der Tourismus zwischen Jiri und Lukla durch den neuen Flughafen fast zum Erliegen gekommen. Nur noch wenige Wanderer sind hier unterwegs. Und dabei bietet gerade diese Route tiefe Einblicke in die traditionelle Lebensweise der Sherpa. Verschlafene Ortschaften, in denen der Alltag nach dem Einbruch des Tourismus zurückgefunden hat zum ursprünglichen Leben, geprägt durch Landwirtschaft und Viehhaltung. Im starken Kontrast zur hochalpinen Stufe mit Schnee und Eis wächst hier in den Tälern eine üppige, leuchtend grüne Vegetation. Genährt wird sie vom Schmelzwasser aus den Bergen. Es ist ein Segen für die Menschen. Das milde Klima in Höhen von deutlich unter 3000 Metern verspricht eine zweimalige Ernte und neben Reis, Kartoffeln und Gerste werden verschiedene Gemüsesorten angebaut. Viel ist zu sehen von traditioneller Landwirtschaft, häuslicher und handwerklicher Arbeit. Eine Frau stapelt an ihrem Haus Kuhfladen zum Trocknen auf und facht anschließend im Lehmofen ein Feuer zum Kochen an. Ein Bauer pflügt sein kleines Feld mit einem Holzpflug, gezogen von einer Kuh. Nebenbei unterhält er sich lachend mit meinem Begleiter Dorje Sherpa.

Der tibetische Buddhismus ist auch hier überall spürbar. Bunte Gebetsfahnen und versteckte kleine Klöster lassen die Spiritualität und Religiosität der Bewohner erahnen.

Abwechslungsreich, anstrengend und kräftezehrend führt der Weg nach Lukla. Feuchtwarme Luft und ein extremes Höhenprofil im ständigen Bergauf und Bergab sind für jeden Wanderer eine Herausforderung. Die Erfahrung auf beiden Wegen zeigt, wie sich der Bergtourismus entwickeln kann. Während der Aufstieg von Lukla zum Mount Everest zumindest in der Saison kaum wirklich eine ruhige, einsame Abenteuerreise werden kann, ist der Weg von Jiri hinauf nach Lukla ein ganz persönliches und besonderes Erlebnis mit den Bergen und ihren Bewohnern. Es ist ein Eintauchen in die alltägliche Lebensweise und Kultur der Menschen. Ihre Freundlichkeit und Gastfreundschaft sind allgegenwärtig. Ein Erlebnis das nicht vergleichbar ist mit der Aussicht auf die großen Gipfel des Solukhumbu, welches aber tiefe Einblicke gibt in das Leben in den Bergen des Himalaya.

Vorherige Seite: Die Ama Dablam, 6816 Meter, das „Matterhorn Nepals", bei Vollmond.

Links: Kleines Bergdorf mit buddhistischem Chörten vor der Ama Dablam.

Seite 66/67: Der Mount Everest in verschiedenen Wetter- und Lichtsituationen von den Gipfeln des Gokyo Ri und Kalar Patthar.

Seite 68/69: Mount Everest, 8849 Meter und Nuptse, 7861 Meter, vor nächtlichem Sternenhimmel vom Kalar Patthar aus in 5600 Meter Höhe.

Buddhismus und Hinduismus

Der Weg zu den Göttern

In den Religionen ist Mystik die Erfahrung mit allem Göttlichen. Seit Tausenden Jahren sind die Menschen auf der Suche nach dem Übersinnlichen, dem Göttlichen. Besonders der Hinduismus und Buddhismus sind voller bildhafter, göttlicher Mythen und Legenden. Für uns westliche Reisende haben diese Religionen auch den Reiz fernöstlicher Weisheit und Lebensphilosophie.

Daher ist eine Reise nach Nepal wohl immer mit einem Eintauchen in Religion und Spiritualität verbunden. Nepals Menschen sind mit ihrer Religiosität und ihrem Glauben traditionell tief verwurzelt. Sie spielt im täglichen Leben eine sehr große Rolle und ist letztendlich der Ursprung ihrer Kultur.

Schon erste Reiseeindrücke in Kathmandu zeigen an allen Straßenecken eine vielfältige hinduistische und buddhistische Präsenz. Kaum eine Straße, in der nicht ein kleines Heiligtum steht, kaum eine Gasse, in welcher nicht wenigstens eine kleine Nische mit einer lokalen Gottheit zu finden ist. Und dabei vermuten viele Besucher ein eher buddhistisch geprägtes Land. Es mag für manchen daher überraschend sein, dass Nepal ein hinduistisches Land ist. Bis ins Jahr 2006 war Nepal ein Königreich mit dem Hinduismus als Staatsreligion. Im April entschied sich das neu eingesetzte nepalesische Parlament für eine Säkularisierung, die Trennung zwischen Staat und Religion.

In Nepal gehören laut einer Volkszählung in 2011 über 80 Prozent dem Hinduismus an und nur 10 Prozent zur Gruppe der Buddhisten. Die Muslime machen in der Bevölkerung etwa 4,4 Prozent aus und leben vorwiegend im südwestlichen Terai. Kleinere Minderheiten sind mit etwa 3 Prozent Anhänger animistischer Glaubensrichtungen und 1,4 Prozent Christen.

Der Hinduismus und Buddhismus haben sich in Nepal im Lauf der Geschichte vielfältig vermischt. Besonders bei den Newari, den Bewohnern im Kathmandutal, ist der Glauben eine Synthese aus Buddhismus und Hinduismus. Viele Tempel werden von Anhängern beider Religionen besucht, wie der heilige Tempelberg Swayambunath in Kathmandu. Zahlreiche Gottheiten werden gemeinsam verehrt. Die Kindgöttin Kumari, eine Inkarnation der hinduistischen Göttin Durga, wird aus der buddhistischen Gruppe der Newari ausgewählt. Aus dieser Verschmelzung heraus entsteht auch eine sehr große Toleranz der Nepalesen gegenüber anderen Religionen.

In beiden Religionen finden sich tantrische Glaubenstraditionen und beide haben animistische und schamanistische Rituale aus der alten Bön-Religion übernommen. Bön war lange vor dem Buddhismus in weiten Teilen des Himalaya verbreitet und wurde später vom Buddhismus fast verdrängt. Dies spiegelt sich heute noch in alljährlichen buddhistischen Maskentänzen in den Klöstern wider, mit deren Hilfe die Bön-Geister symbolisch besiegt werden sollen. In jüngster Zeit lebt die alte Bön-Religion aber zunehmend wieder auf.

In den Bergen sind vermehrt buddhistische Volksgruppen anzutreffen, wie die Sherpa, Gurung, Tamang und Bhotia, zu denen auch die Lhopa in Mustang und

Vorherige Seiten: Alte Schnitzereien und messingverzierte Fassade über dem Eingang zum hinduistischen Bhairavnath Tempel in Bhaktapur mit dem Abbild Bhairavas, einer Inkarnation des Gottes Shivas.

Links: Eine buddhistische Nonne vor einem Gebetsschrein am Boudha Stupa.

die Dolpa in Dolpo gehören. Auch im Kathmandutal leben heute noch viele Buddhisten. Es sind oft Flüchtlinge aus Tibet, die nach dem Einmarsch der Chinesen nach Nepal geflohen sind.

Eine meiner ersten Begegnungen mit dem Hinduismus findet an einer Hauswand statt. Ganesha, der Elefantengott, ein Glücksbringer und Beseitiger von Hindernissen, ist dort lebensgroß auf die Fassade gemalt. Als Bildnis oder Statue darf er in keinem Haus fehlen, denn er bringt Glück und Segen. Der dickbäuchige, elefantenköpfige Ganesha gilt als Lieblingsgottheit der Hindus und wird genauso auch im Buddhismus verehrt. Ihm werden viele positive Eigenschaften nachgesagt. Ganesha gilt als verspielter Schelm, als freundschaftlich und gütig, klug und humorvoll.

Er wurde als Sohn von Shiva und Parvati geboren. Als sein Vater Shiva von einer langen Reise nach Hause zurückkehrte, erkannte er seinen eigenen Sohn nicht mehr und lies dem vermeintlich Fremden den Kopf abschlagen. Voller Trauer über den Irrtum befahl er seinen Dienern, den Kopf des ersten Lebewesens, welches ihnen begegnet, zu bringen. Sie brachten den Kopf eines schlafenden Elefanten. Shiva fügte den Elefantenkopf auf Ganeshas Rumpf und erweckte seinen Sohn zum Leben. Viele dieser alten Legenden zeigen ein lebhaftes Bild des Hinduismus.

Der Hinduismus zählt zu den großen Weltreligionen. Mit einer Milliarde Anhängern ist er nach dem Christentum und dem Islam die drittgrößte und gleichzeitig eine der ältesten Religionen. Ursprünglich wurde der Hinduismus vor mehr als 3000 Jahren von arischen Einwanderern aus nördlicheren Regionen nach Indien gebracht. Die Religion der Arier vermischte sich mit der Religion der Urbevölkerung. Viele Götter aus vorarischer Zeit wurden übernommen. Uralte Texte aus dieser Zeit, die heiligen Veden, prägen bis heute den Hinduismus.

Genau genommen ist der Hinduismus vielmehr ein Dharma, eine Lehre der Aufgaben für eine religiöse Lebensweise. Gleichzeitig ist er für uns eine der am schwersten zu verstehenden Religionen. Hindus glauben an die Reinkarnation, die Wiedergeburt. Der Hinduismus lehrt die Menschen, sich in ihr Schicksal zu ergeben, Leiden zu erdulden und auf das Glück zu hoffen, im nächsten Leben auf einer höheren Ebene wiedergeboren zu werden. Ziel eines jeden Hindu ist es, den Kreislauf dieser Wiedergeburten, das Samsara zu durchbrechen, um Moksha, die Erlösung und Befreiung aus diesem Kreislauf zu erlangen. Erst dann findet ein Hindu seine endgültige Ruhe.

Das persönliche Karma spielt dabei eine wesentliche Rolle. Das Karma ist die Summe der guten und schlechten Taten im Leben. Fällt das Karma negativ aus, wird dies mit einer niedrigeren Wiedergeburt im nächsten Leben vergolten. Wer nach den Regeln der göttlichen Ordnung lebt, steigt mit jeder Wiedergeburt auf eine höhere soziale Ebene. Nach dem Glauben der Hindus hat das Karma eines jeden Menschen Auswirkung auf die Kaste in die er wiedergeboren wird. Entsprechend einem positiven oder negativen Karma werden die Menschen bei ihrer Reinkarnation in einer höheren oder niedrigeren Kaste geboren. Tatsächlich ist das Kastenwesen nicht religionsgegeben, sondern eher eine gesellschaftspolitische Einteilung. Die Brahmanen führten die Kasten bereits vor 3000 Jahren ein, um ihre eigene Position an höchster Stelle der Gesellschaft zu sichern.

Das Kastenwesen in Nepal ist stark angelehnt an das indische Kastensystem, weist aber einige Abweichungen auf. Seit dem zehnten Jahrhundert sind Hindus, auf der Flucht vor islamischen Eroberern, nach Nepal eingewandert. Ihre Kultur und auch religiöse Praktiken vermischten sich mit denen der nichthinduistischen Urbevölkerung. Daraus hat sich ein eigenes Kastenwesen entwickelt, welches besonders bei den Newari im Kathmandutal noch einmal eine spezielle Unterteilung findet. Auch die buddhistischen Anhänger der Newari haben aus der Verschmelzung religiöser Rituale ein kastenähnliches System entwickelt.

In Nepal gibt es vier Hauptkasten. Die höchste Kaste stellen die Bahun, die Brahmanen- oder Priesterkaste. Zweithöchste Kaste sind die Chetri, die Mitglieder der Kriegerkaste. Vaishya ist die Kaste der Handwerker und Händler und die Sudras sind die Unberührbaren auf der untersten Stufe. Obwohl das Kastenwesen in Nepal bereits 1963 offiziell abgeschafft und eine Kastendiskriminierung unter Strafe gestellt wurde, werden Mitglieder der unteren Kasten auch heute noch in vielen Bereichen des Lebens benachteiligt.

Überall im Kathmandutal finden sich religiöse Schreine und Stupas im Straßenbild.

Im Hinduismus ist schwierig festzustellen, wie viele Götter es tatsächlich gibt. Nach den alten Veden sind es wohl 3306 Götter. Tatsächlich gibt es viel mehr. Die Hindus selber sprechen von einem Pantheon von 330 Millionen Gottheiten. Die Götter durchlaufen die Reinkarnation, werden als neue Gottheit wiedergeboren, heiraten, zeugen Kinder, so dass selbst die Hindus sich nicht in ihrer ganzen Götterwelt auskennen. In der hinduistischen Mythologie stehen an der Spitze dieser Götterwelt die Trimurti, die drei Hauptgottheiten Brahma, Shiva und Vishnu. Brahma der Weltenschöpfer wird heute nur noch wenig verehrt. Die wichtigsten spirituellen Glaubensrichtungen des Hinduismus sind der Shivaismus, der für die Vollendung und Zerstörung der Welt steht, der Vishnuismus steht für die Erhaltung der Welt und der Shaktismus für die kosmische Energie und Quelle des Lebens. Der Shaktismus beruht auf der Verehrung der göttlichen Mutter Shakti oder mit anderen Namen Devi und Mahadevi, die in ihren Inkarnationen auch Durga, Kali, Lakshmi oder Sarasvati darstellt.

Der Buddhismus hat mich schon auf früheren Reisen durch Nordindien, insbesondere in Ladakh und Zanskar angesprochen und persönlich berührt. Kaum habe ich in Kathmandu meinen Rucksack im Hotel abgelegt, reihe ich mich auch schon ein in die heilige Kora, eine rituelle Umrundung der Pilgerscharen im buddhistischen Heiligtum in Boudhanath. Vom riesigen weißen Stupa und dessen vergoldeten Kubus schauen die alles sehenden blauen Augen Buddhas wohlwollend auf mich herab. Wohin ich mich auch wende, ihr Blick ist in den vier Himmelsrichtungen allgegenwärtig. Neben mir umrunden ältere Exiltibeter den Stupa in tiefgläubiger Verehrung und mit Niederwerfungen. Nur wenige Meter weiter boomt das Geschäft mit religiösen Devotionalien für Touristen und Pilger. In der Abenddämmerung lassen Hunderte flackernde Butterlampen ein Gefühl von Buddhas Wärme und göttlicher Nähe aufkommen.

Im Buddhismus gibt es keinen Schöpfergott. Vielmehr ist der Buddhismus erst nach Buddhas Tod, vermutlich im Jahre 483 v. Chr., auf der Basis seiner Lehrreden und Meditationen entstanden. Es waren seine Gefolgsleute, welche die Lehrreden noch im Jahr seines Todes auf einem ersten buddhistischen Konzil in Rajagrha erfasst und rezitiert haben.

Ein hinduistischer Sadhu sitzt in einem Schrein im großen Tempelareal Pashupatinaths.

Buddha wurde vor 2500 Jahren als Siddharta Gautama in Lumbini, im heutigen Nepal, geboren. Schon bei seiner Geburt wurden ihm besondere Fähigkeiten vorausgesagt. Als Sohn von Königin Mahamaya und König Suddhodana verbrachte er seine ersten Lebensjahre im Palast. Als junger Mensch hatte er außerhalb des Palastes die unmittelbar mit dem Leben verbundenen Leiden, Krankheit, Alter, Schmerz und Tod kennengelernt. Mit 29 Jahren verließ Siddharta den Palast seines Vaters, um als Asket seine Erlösung zu finden. Nach sechs Jahren gelangte er zu der Erkenntnis, dass dieser Weg nicht die Erlösung von allem Leid bringen werde und übte sich fortan in Meditationen. Im Alter von 35 Jahren erlangte er nach 49 Tagen der Meditation unter dem Bodhi-Baum, dem „Baum der Weisheit", die vollständige Erleuchtung und wurde zum Buddha.

In einem Wildpark in der Nähe von Sarnath hielt Buddha seine erste Lehrrede. Er traf dort auf seine fünf Mitbrüder, welche ihn vorher verlassen hatten und hielt vor ihnen seine erste Predigt über die „Vier edlen Wahrheiten". Die fünf Gefährten waren die ersten Mitglieder der buddhistischen Mönchsgemeinschaft Sangha.

Über 45 Jahre lang verbreitete Buddha seine Lehrreden vom „Edlen achtfachen Pfad", einer Anleitung zum Erreichen des Nirwana, ehe er mit 80 Jahren in Kushinagar starb. Vor seinem Tod empfahl er seinen Anhängern, seine Lehren zu befolgen und nach dem Dharma zu leben. Nach buddhistischem Glauben hat Buddha mit seinem Tod den Kreislauf der Wiedergeburten durchbrochen und das ewige Nirwana, einen Zustand der Vollkommenheit, erlangt.

Im 3. Jahrhundert v. Chr. ließ Kaiser Ashoka die Lehren Buddhas in ganz Indien und darüber hinaus bis nach Sri Lanka verkünden. In den folgenden Jahrhunderten verbreitete sich der Buddhismus in weiten Teilen Asiens und in mehreren Wellen auch nach Tibet und in den Himalaya. In Tibet erstarkte der Buddhismus besonders im 8. Jahrhundert unter der Herrschaft Trisong Detsens und dem Besuch des buddhistischen Meisters Padmasambhava. In Nepal erlebte er seine Blütezeit unter der Malla-Dynastie vom 13.–18. Jahrhundert. Mit deren Niedergang und der Eroberung durch die hinduistische Shah-Dynastie der Gorkha-Herrscher zerfiel der Buddhismus, bis er in den 60er-Jahren des 20. Jahrhunderts nach dem Einmarsch der Chinesen in Tibet durch zahlreiche Flüchtlinge auflebte.

Auch der Buddhismus zählt zu den großen Weltreligionen und hat weltweit etwa 460 Millionen Anhänger. Ähnlich wie im Hinduismus basiert der Buddhismus auf philosophischen Lehren, den Lehren Buddhas. Den Grundpfeiler dieser Lehren bilden die „Vier Edlen Wahrheiten" die Siddhartha Gautama in seiner ersten Lehrrede in Sarnath verkündete. Die erste Wahrheit, Dukkha, besagt, das Leben besteht aus Leiden. Die zweite Wahrheit, Samudaya, führt zu der Erkenntnis der Ursachen für das Leiden – Gier, Begehren und Hass. Die dritte Wahrheit, Nirodha, beschreibt die Auflösung des Leidens durch Überwindung von Hass und Habgier. Die vierte Wahrheit beschreibt die Erlösung vom Leiden durch die Befolgung der Regeln des Achtfachen Pfades.

Ähnlich wie im Hinduismus glauben Buddhisten an die Reinkarnation. Auch bei ihnen gilt als höchstes Ziel, Samsara, den Kreislauf der Wiedergeburten zu durchbrechen, um das Nirwana, den Zustand des höchsten Glücks, zu erreichen.

Die Verschmelzung und das Nebeneinander der Religionen scheint für Nepal ein großes Glück zu sein. Daraus entsteht eine Toleranz gegenüber anderen Religionen, die ich auf allen meinen Reisen nirgendwo so deutlich erlebt habe.

In einer Zeit, in der sich das Land in einem gewaltigen Umbruch befindet, vom mittelalterlichen Königreich zum modernen Vielvölkerstaat, gilt es gerade den Umgang mit den Religionen und die Toleranz der Menschen untereinander als wichtigstes Gut zu erhalten. Während die heranwachsende Generation mit den alten Traditionen ihrer Eltern bricht und längst nicht mehr deren tiefe Spiritualität lebt, schaut sie mit der Kraft jugendlicher Energie weltoffen und mehr und mehr nach westlichem Vorbild in die Zukunft. Ein neues Nepal entsteht.

An buddhistischen Heiligtümern werden unzählige kleine Butterlampen entzündet. Sie gelten als rituelle Opfergabe. Häufig werden genau 108 Butterlampen aufgestellt. Die Zahl 108 gilt im Buddhismus und im Hinduismus als heilig.

Chitwan

Die letzte Wildnis im Terai

„Rhino, Rhino!" schreit es plötzlich aufgeregt durch das abendliche Sauraha. Ich schaue mich um und tatsächlich trottet wenige Meter hinter uns ein junges Panzernashorn völlig unbeeindruckt vom nächtlichen Treiben auf der einzigen Dorfstraße entlang. Ausgewachsene Nashornbullen können bis zu 3,8 Meter Körperlänge und ein Gewicht von mehr als zwei Tonnen erreichen.

Ein entgegenkommender Bus bleibt mit aufgeblendeten Scheinwerfern stehen, um das mächtige Tier vorbeizulassen. Die Gesichter der Fahrgäste sind platt an die Fensterscheiben gedrückt. Dutzende Menschen versuchen mit gezücktem Fotohandy die nächtliche Szene einzufangen. Jetzt verstehe ich auch das zuversichtliche Grinsen auf dem Gesicht des Mannes unserer Agentur, der uns versicherte, einen Tiger werden wir wohl kaum zu Gesicht bekommen, aber ein Panzernashorn mit nahezu hundertprozentiger Garantie.

Tatsächlich ist das schon unsere zweite Begegnung mit einem Nashorn am heutigen Tag. Bereits am Nachmittag sind wir in Sauraha angekommen und haben zusammen mit einem Führer eine kleine Wanderung am Fluss entlang unternommen. Nur wenige Meter vor uns taucht plötzlich ein Nashorn aus dem Gebüsch auf. In unmittelbarer Nähe können die Tiere für Menschen sehr gefährlich werden. Vorsichtig schleichen wir zurück, während das Panzernashorn ungestört die Abkürzung zum Fluss nimmt und sich Augenblicke später genüsslich im Uferschlamm wälzt.

Am nächsten Morgen brechen wir noch vor Sonnenaufgang zum Rapti-River auf. Nur wenige Hundert Meter sind es vom kleinen Ort Sauraha zum Chitwan-Nationalpark auf der anderen Seite des Flusses. Unmittelbar hinter dem Fluss erhebt sich der Urwald. Schemenhaft ist der Waldrand aus der Ferne auszumachen. Feuchtwarme Nebelschwaden verhüllen die Landschaft und beinahe undurchdringlich erscheint der dampfende Atem der Natur. Die Sonne kämpft sich gerade als diffuse goldgelbe Scheibe durch wabernden Morgennebel. Am Flussufer warten bereits die Bootsbesitzer mit ihren Einbäumen, um die ersten Besucher ans andere Ufer zu bringen. Mit langen Stangen staken sie den schaukelnden Einbaum bedächtig über das flache Wasser. Die Bootswandung, nur wenige Zentimeter über der Wasseroberfläche, vermittelt nur bedingt ein Gefühl von Sicherheit. Auf der nahe gelegenen Sandbank, im Morgennebel kaum auszumachen, liegen träge einige Krokodile. Einige Meter weiter queren Kühe das Wasser.

Am anderen Ufer erwartet uns unser Jeep. Mit Fahrer und Guide sind wir im Nationalpark unterwegs. Eine schmale ausgefahrene Piste führt in den Urwald hinein. Vorbei an mächtigen Urwaldriesen durchfahren wir offene Graslandschaften, welche mit dichtem, drei Meter hohem Elefantengras bewachsen sind. Immer wieder bleiben wir stehen, um die Gegend zu überschauen. Jetzt im November erschwert das hohe Gras jegliche Tierbeobachtung. Trotzdem sind die Eindrücke der Landschaft zauberhaft. Immer noch mystisch liegt der Frühnebel über der Landschaft. Nur schemenhaft auszumachen, strecken einzelne Baumriesen ihre mächtigen, lianenbewachsenen Kronen dem Licht entgegen. Glitzernde Wasserperlen vom Morgentau

Vorherige Seiten: Im Morgendunst setzt ein Fährmann sein Boot über den Rapti-River, Sauraha.

Links: Würgepflanzen umschlingen die mächtigen Urwaldriesen.

liegen auf dem hohen Elefantengras. Die Sonne hat es mit ihrem fahlgelben Licht immer noch nicht geschafft, den Morgendunst endgültig zu durchdringen. Unheimlich still wirkt die Landschaft, der Nebel schluckt alle Geräusche und nur gelegentliches Knacken verrät, dass irgendwo ein Tier unterwegs ist. Gespannt lauschen wir auf jedes Geräusch.

Inzwischen leben hier im Park wieder mehr als 600 Panzernashörner, über 100 Tiger, indische Wildrinder, wilde Elefanten, Leoparden, Languren, Lippenbären, Krokodile, Rotwild und über 500 Vogelarten. Das war nicht immer so. Der Chitwan-Nationalpark ist der bekannteste Park im westlichen Terai mit einer Fläche von 932 Quadratkilometern. Sein südlichster Verlauf bildet die natürliche Grenze zum Nachbarland Indien und geht dort in den Valimiki-Nationalpark über. Zusammen mit dem östlich gelegenen Parsa Wildlife Reserve und dem indischen Valimiki-Park bildet er mit 2000 Quadratkilometern die Tiger Conservation Unit.

Noch bis zum Sturz der Rana-Dynastie im Jahr 1951, diente das Terai und die Region des heutigen Chitwan-Nationalparks lange Zeit den Herrscherfamilien der Shahs und Ranas als Jagdrevier auf Tiger und Nashörner. Besonders auch britische Royals wurden zu den Treibjagden eingeladen. Zusammen mit ihren Gästen töteten die Ranas auf Großwildjagden nahezu den gesamten Bestand an Tigern und Nashörnern. Alleine der englische König George V. erlegte bei seinem Besuch im Dezember 1911 in einem einzigen Jagdmassaker innerhalb weniger Tage 39 Tiger und 18 Nashörner.

Während der fast undurchdringliche, scheinbar wenig nutzbare Urwaldgürtel des Terai jahrhundertelang auch eine natürliche Barriere gegen Eindringlinge und Eroberer aus dem Süden bildete, sollte sich dies nach dem Sturz der Rana grundlegend ändern. Um das Bevölkerungswachstum Nepals besser zu verteilen und vor allem die fruchtbaren Böden der südlichen Ebenen landwirtschaftlich nutzen zu können, wurde in den 1960er Jahren von der nepalesischen Regierung ein umstrittenes Projekt entwickelt. Der Süden Nepals sollte wirtschaftlich nutzbar und bevölkert werden. Unter Zuhilfenahme von Unmengen DDT-Insektizid wurde die Malaria im Terai bekämpft. Gleichzeitig begann eine großflächige Abholzung des Urwaldes. Bis Ende der 1960er Jahre waren weite Teile des Terai gerodet. Heute sind höchstens noch 30 Prozent des ursprünglichen Dschungels erhalten.

Schon lange vor der Abholzung und Urbanisierung des Terai lebte hier eine indigene Urbevölkerung, das Volk der Tharu. Sie bezeichnen sich selber als Menschen des Waldes und lebten lange Zeit isoliert als Jäger und Sammler im Urwald zwischen Nepal und Indien. Bis zur Abholzung war der Urwald des Terai malariaverseucht. Erstaunlich ist, dass die Tharu eine sehr hohe Resistenz gegen Malaria aufweisen, deren Ursache bis heute wissenschaftlich nicht eindeutig erklärt werden kann.

Die Tharu wurden zwangsumgesiedelt und sesshaft. Heute leben sie als arme Pachtbauern in vielen kleinen umliegenden Dörfern. Mit einer eigenständigen Kultur und mehreren unterschiedlichen Tharu-Sprachen bilden sie mit über 13 Prozent die zweitgrößte ethnische Volksgruppe Nepals.

Mit der Urbanisierung des Terai setzte eine massive Zuwanderung ein und die Region wurde verstärkt landwirtschaftlich genutzt. Heute erwirtschaftet das Terai etwa die Hälfte der landwirtschaftlichen Erzeugnisse Nepals. Die zunehmende Besiedlung führte zu weiterer Konfrontation mit der Tierwelt. Die Lebensräume der Menschen und Tiere rückten immer näher zusammen. Die Tiere wurden aus ihrem natürlichen Umfeld zurückgedrängt. Kaum kontrollierbare Wilderei auf Tiger und Nashorn dezimierten den ohnehin bereits geschwächten Tierbestand weiter. Besonders das Nashorn war stark gefährdet. Sein begehrtes Horn wurde durch Schmuggler nach China gebracht. Auf dem chinesischen Markt bringt es bis zu 100.000 Dollar Erlös. Obwohl keinerlei medizinischer Beweis für eine Wirksamkeit besteht, wird das Horn des Rhinozeros, welches ähnlich wie unsere Fingernägel aus Keratin besteht, heute noch in der traditionellen chinesischen Medizin als Heilmittel verwendet.

Diese Entwicklungen führten dazu, dass die Populationen von Tiger und Panzernashorn fast ausgerottet wurden. 1968 gab es im Chitwan noch 95 Panzernashörner. Als die Folgen immer offensichtlicher wurden, erließ der damalige König Mahendra Mitte der

Bei einem Kontrollritt eines Nationalparkwächters durch den Urwald bleibt das Elefantenjunge immer bei dem Muttertier.

Durch den besonderen Schutz hat die Population an Panzernashörnern im Chitwan-Nationalpark wieder deutlich zugenommen.

1960er-Jahre erste Schutzmaßnahmen für die bedrohten Tiere. Sein Sohn, König Birendra, verbot im Jahr 1972 endgültig die Tigerjagd in Nepal. Ein Jahr später wurde Chitwan vollständig unter Schutz gestellt. Der Royal Chitwan National Park, der erste Nationalpark Nepals, wurde gegründet. Seit 1984 zählt der Park zum UNESCO-Welterbe. Heute haben sich die Tierpopulationen stabilisiert und locken jährlich zahlreiche Besucher zur Tierbeobachtung an.

Landschaftlich ist der Chitwan-Nationalpark mit etwa 70 Prozent zum Großteil durch seine Salwälder geprägt. Der Salbaum ist eine der bedeutendsten Baumarten im Norden des indischen Subkontinents südlich des Himalaya und bildet hier ausgedehnte Wälder. Bereits in der indischen Mythologie wird dieser Baum erwähnt. Nach einer Legende gebar die Königin Maya unter einem Salbaum ihren Sohn Siddhartha Gautama, der später durch Erleuchtung zum Buddha wurde.

Die Auwälder, von Sümpfen und kleinen Gewässern durchsetzt, machen einen kleineren Anteil im Chitwan aus und sind häufig unterbrochen von Grasland, bewachsen mit Elefantengras, dem eigentlichen Ravennagras, und Pfahl- und Schilfrohr.

Das Klima im Chitwan-Nationalpark ist subtropisch. Während der Monsunzeit von Juni bis Ende September regnet es fast täglich und ein Aufenthalt im Park zu dieser Jahreszeit mit hoher Luftfeuchtigkeit ist wenig angenehm. Die beste Reisezeit für Tierbeobachtungen sind die Trockenmonate März bis Mai.

Nur wenige Kilometer von Sauraha entfernt befindet sich das „Elephant Breeding Center". Es wurde 1985 von der nepalesischen Regierung als Aufzuchtstation für die Domestizierung und zum Schutz von Elefanten gegründet. Früher wurden gefangene wilde Elefanten aus Indien, Thailand und Myanmar für den Nationalpark gekauft und als Arbeitselefanten ausgebildet. Heute wird der Bestand an Elefanten im „Breeding Center“ durch Nachzucht erhalten. Die jungen Elefanten werden für Patrouillengänge und Naturschutzaufgaben, wie die Zählung der Panzernashörner, angelernt und aufgezogen. Jeden Morgen gehen die Mahuts, die Elefantenführer, mit Tieren aus der Aufzuchtstation in den nahegelegenen Dschungel, um frisches Futter herbeizuschaffen. Innerhalb der Station sind die erwachsenen Tiere an überdachten Plätzen an schwere Ketten gefesselt, während sich die Jungtiere frei bewegen können. Es ist ein trauriger Anblick, diese großartigen, sanften Dickhäuter angekettet und eingeschränkt in ihrer natürlichen Bewegungsfreiheit zu erleben.

Als wir am frühen Morgen die Aufzuchtstation auf der anderen Seite des Rapti-River besuchen wollen, müssen wir lange an der Brücke warten. Über Nacht ist der wilde und äußerst gefährliche Elefantenbulle Rolando aus dem Dschungel aufgetaucht, um seine Elefantendamen zu besuchen. Alle Jungtiere der Zuchtstation stammen wohl von ihm ab. Mit kleinen Steinschleudern versuchen die Mahuts, den Elefantenbullen zurück in den Urwald zu vertreiben.

In Sauraha besitzen viele Lodges und Mahuts eigene Elefanten. Als reine Arbeitselefanten für schwere Waldarbeiten werden die Tiere kaum noch genutzt. Vielmehr werden die Elefanten heute als beliebte Touristenattraktion und für Safari-Ausritte in den Chitwan-Nationalpark gebraucht. Für die Tiere ist das ein trister und quälender Arbeitsalltag. Täglich reiten auf ihnen Besucher in den Dschungel, um andere Tiere beobachten zu können. Die meist ahnungslosen Touristen wissen dabei nicht, dass die Elefanten von Kindheit an für das willenlose Befolgen der Kommandos der Mahuts gequält werden. Folgen sie nicht den Anweisungen ihrer Pfleger werden sie geschlagen und bestraft. Einen Großteil ihres Lebens verbringen die Tiere angekettet.

Eine Tageswanderung zu Fuß bringt uns am nächsten Tag in die außerhalb des Nationalparks gelegenen Gemeindewälder von Sauraha. Zwei Führer begleiten uns. Jeder ist nur mit einem Schlagstock bewaffnet. Zur unmittelbaren Verteidigung gegen Tiger, Panzernashorn oder wilde Elefanten reicht das wohl nicht. Im Ernstfall immer vorsichtig zurückziehen, so die Belehrung. Jedes Jahr kommt es im Chitwan-Nationalpark zu tödlichen Angriffen auf Einheimische und Touristen.

In den frühen Morgenstunden schleichen wir leise durch den Auwald. Noch wiegt sich der Morgennebel zwischen den Bäumen und der Dschungel verschluckt jedes Geräusch. Nur das Rufen eines einsamen Vogels und einzeln fallende Wassertropfen sind zu hören. Angespannt lauschen wir auf jedes Knacken im Unterholz. Dicke Lianen winden sich an Urwaldbäumen hinauf, Orchideen wachsen in den Baumkronen und zwischen den Bäumen stehen meterhohe ausgewaschene Termitenhügel. Am Boden, mitten auf unserem schmalen Pfad entdecken wir frische Tigerspuren und Nashornlosung. Unsere Führer sind besorgt. Doch außer einigen aufgescheuchten Wildschweinen bekommen wir an diesem Vormittag keine Tiere zu Gesicht.

Auf einer Urwaldwiese machen wir Rast. Hoch oben in den Baumkronen toben einige Affen und auf einer nahe gelegenen Sandbank am Flussufer liegen Gaviale träge in der Mittagshitze. Als größte Krokodile der Welt können ausgewachsene Exemplare über sieben Meter Länge erreichen. Auch Gaviale sind vom Aussterben bedroht und werden durch ein besonderes Zuchtprojekt im Park geschützt. Trotz umfangreicher Schutzmaßnahmen sind die Tiere und auch ihre Nahrungsquelle durch ungeklärte Industrieabwässer im Rapti-River stromaufwärts von Chitwan gefährdet.

Auf dem Rückweg am Nachmittag bleibt unser Führer wie erstarrt stehen und deutet uns mit einem Zeichen, leise zu sein. Mit der Hand zeigt er ins nahe Unterholz. Ein Knacken und Rascheln, irgendetwas bewegt sich da. Nur wenige Meter von uns entfernt, an einem Bachlauf, taucht ein ausgewachsenes Panzernashorn auf. Völlig ungestört frisst es das saftige Gras und trottet gemächlich weiter. Wie gebannt verfolgen wir das riesige Tier mit den Augen, ehe es im nahen Unterholz verschwindet.

Seite 84/85: Auf Arbeitselefanten wird Futter aus dem nahen Urwald für die Elefanten der Aufzuchtstation gebracht.

Seite 86/87: Auf einer Erkundung durch die Gemeindewälder von Sauraha begleitet uns ein Guide.

Mera Peak

Der Weg zum Gipfel

Um es gleich vorwegzunehmen: Der Mera Peak ist kein technisch anspruchsvoller, kein schwieriger Gipfel, aber er ist mit 6476 Metern der höchste Trekkinggipfel Nepals! Der Berg liegt im Hinku-Tal in der Everest-Region, im Makalu-Barun-Nationalpark. Obwohl dieser Berg als relativ einfach gilt, darf seine Besteigung nicht unterschätzt werden. Eine gute Kondition und Akklimatisation sind auch hier Grundvoraussetzung für den Gipfelerfolg. Für mich als Fotograf und Bergsteiger war letztendlich auch nicht die Schwierigkeit oder die Höhe entscheidend, sondern vielmehr der einzigartige Panoramablick vom Gipfel des Mera Peak auf die Bergkette des Himalaya mit fünf Achttausendern. Nordwestlich gelegen steht der Cho Oyo, nördlich der Mount Everest in unmittelbarer Nachbarschaft zum Lhotse, weiter östlich der Makalu, und ganz im Osten erhebt sich der östlichste Achttausender und dritthöchste Berg der Welt, der Kangchendzönga an der Grenze zu Sikkim.

Der Weg zum Mera Peak erstreckt sich von Lukla aus über den 4610 Meter hohen Pass Zatrwa La hinab ins Inkhu Khola-Flusstal. Dem Tal und einigen kleinen Dörfern folgend, erreicht man nach einigen Tagen das Basislager in Khare auf einer Höhe von etwa 4870 Metern. Der Aufstieg zum Gipfel führt von dort über große Felstrümmer und weite, bis zu 40 Grad steile Hänge des Meragletschers.

Für diese Tour bin ich in Kathmandu angekommen und fliege gleich am nächsten Tag weiter nach Lukla. Am Flughafen erwartet mich bereits Darinji mit unserem Träger Nima. Gemeinsam werden wir zum Mera Peak aufsteigen.

Wir haben bereits Anfang Dezember, die Temperaturen sinken von Tag zu Tag und die meisten Bergsteiger und Wanderer sind längst nach Kathmandu abgereist. Die späte Jahreszeit und die damit verbundenen kälteren Temperaturen erschweren den Gipfelanstieg. Tatsächlich sind bereits viele Unterkünfte auf dem Weg zum Mera Peak geschlossen. In den nächsten Tagen werden wir uns auf dem Anmarschweg auf eine gute Akklimatisation, die Anpassung des Körpers an die große Höhe, vorbereiten müssen.

Die körperliche Belastung beim Aufstieg führt zu erhöhtem Sauerstoffbedarf. Gleichzeitig sinken mit zunehmender Höhe der Luftdruck und der Sauerstoffpartialdruck in der Atmosphäre. Das bedeutet weniger Sauerstoff im Verhältnis zu Stickstoff in der Umgebungsluft. Es kommt zu einem Druckanstieg in der Lunge. Der Körper reagiert darauf mit einer erhöhten Atem- und Herzfrequenz, um den Sauerstoffmangel auszugleichen. Der Anpassungsprozess des Körpers beginnt mit der Bildung roter Blutkörperchen, die für den Sauerstofftransport verantwortlich sind. Durch deren vermehrte Anzahl wird mehr Sauerstoff transportiert.

Bei einem zu schnellen Aufstieg in große Höhen ohne Akklimatisation kann es zu einer akuten Höhenkrankheit kommen. Erste Anzeichen dafür sind Schwindelgefühl, Kopfschmerzen und Übelkeit. Werden diese ignoriert oder nicht erkannt, kann in besonders schweren Fällen ein Hirn- oder Lungenödem zum Tod führen.

Vorherige Seiten: Unser Träger Nima unmittelbar vor dem Aufstieg zum Hochlager. Schon tief unter uns liegt das Basislager Khare.

Links: Das Flusstal des Inkhu Khola. Am Talende erheben sich die mächtigen Gipfel Kusum Kanguru (6370 Meter) und Kyashar (6770 Meter).

Eine gute Voraussetzung zur Höhenanpassung ist der tägliche Aufstieg am Berg und eine Übernachtung in niedrigeren Höhen. Bis zu zwei Wochen benötigt der Körper um sich an eine Höhe von 5000 Metern zu gewöhnen.

Lukla liegt auf 2840 Metern, unsere erste Übernachtung auf der Bergalm Chutanga bereits auf 3440 Meter Höhe. Ich habe Bedenken, denn der Pass am nächsten Tag liegt schon über 4600 Meter hoch. Am späteren Nachmittag steige ich allein und ohne Gepäck zu einer Akklimatisationstour zum Pass auf. Wenigstens 600 Höhenmeter Auf- und Abstieg sind mein Ziel.

Das Wetter sieht nicht besonders gut aus und die umliegenden Berge sind wolkenverhangen. Nur für wenige Augenblicke schafft es die Abendsonne, ein goldenes Licht auf die Berge zu zaubern. Schon ziehen neue Wolken aus dem Tal herauf. Ein Einheimischer kommt vom Pass herabgestiegen und schaut mich verwundert fragend an, warum ich denn so spät noch unterwegs sei. Schließlich dauert der Aufstieg bis zum Pass einige Stunden. Als ich ihm versichere, dass ich gleich wieder umkehren werde, setzt er seinen Abstieg fort.

Inzwischen bin ich auf über 4000 Meter Höhe. Erschrocken stelle ich fest, dass fast unbemerkt die Dämmerung eingesetzt hat und sich immer neue Wolken aus dem Tal zu mir heraufschieben. Höchste Zeit umzukehren, denn der Weg ist nicht immer gut zu sehen und meine Stirnlampe liegt sorgfältig verstaut im Rucksack unten in der Hütte. Ich hatte überhaupt nicht vor, bis zur Dunkelheit unterwegs zu sein. Im Laufschritt eile ich den schmalen Bergpfad hinunter, doch schon nach kurzer Zeit ist es so dunkel, dass ich vorsichtig nach dem Weg schauen muss. Später im Wald nimmt die Dunkelheit zu und der Abstieg ist kaum noch erkennbar. Immer häufiger muss ich den Pfad suchen, der sich irgendwo zwischen Bäumen und Felskuppen verliert. Der schwierigste Wegabschnitt liegt noch vor mir. Unmittelbar in der Nähe der Unterkunft befindet sich ein tiefer gelegenes Flussbett. Der Abstieg führt weglos über einen steilen Geröllhang, um dann im steinigen Flussbett den schmalen Steg über das Wasser zu finden. Deutlich höre ich unmittelbar vor mir den tosenden

Gebetsfahnen begleiten uns auf dem Weg von Lukla nach Chutanga.

Darinji auf dem Gletscher während des Aufstiegs zum Hochlager auf 5780 Metern.

Fluss, doch in der Dunkelheit ist der Übergang über das Wasser nicht zu erkennen. Erst nach längerem Suchen finde ich den kaum sichtbaren Pfad, der sich zwischen metergroßen Flussgeröllen hindurch windet und in wenigen Augenblicken zum Steg führt. Jetzt ist es nicht mehr weit, ich rieche schon den Rauch von Feuer, laufe die letzten Meter das Flussbett hinauf und sehe in einiger Entfernung erleichtert das Licht unserer Unterkunft. Puh, das ist gerade noch mal gut gegangen! Meine kleine Unvorsichtigkeit, die Stirnlampe nicht dabeizuhaben, hätte zur echten Gefahr werden können.

Der Aufstieg über den Zatrwa La sollte sich als großer Vorteil für unsere Akklimatisation erweisen. Während wir tagsüber eine Höhe von 4600 Metern am Pass erreichen, sind wir am Abend bereits wieder zur kleinen Ortschaft Taktho auf 3670 Meter Höhe im Hinku-Tal abgestiegen. Unmittelbar hinter dem Pass bot sich zum ersten Mal der Blick auf den 6476 Meter hohen Mera Peak. Noch weit entfernt liegt er auf der anderen Talseite. In den nächsten Tagen führt der Weg durch Rhododendron- und Pinienwälder langsam und stetig talaufwärts. Gelegentlich begegnen uns frei weidenden Yaks. Oberhalb der Baumgrenze begleitet uns nur noch der Inkhu Khola-Fluss, dessen schäumend, milchig grünes Gletscherwasser unaufhaltsam zu Tal donnert. An seinem Ursprung erheben sich die über 6000 Meter hohen schneebedeckten Bergriesen des Kusum Kanguru und Kyashar. Weiter östlich im Tal blicken wir auf die Südwand des Mera Peak mit seinen drei Gipfeln Nord, Süd und Zentral. Im Jahr 1953 wurde der Hauptgipfel über den Meragletscher auf der Nordseite erstbestiegen. Auch wir werden über diese Route aufsteigen.

Nach Tagen erreichen wir in Khare das Basislager mit einigen wenigen Unterkünften. Nach einem weiteren Akklimatisationstag steigen wir zum Hochlager mitten auf dem Gletscher auf.

Gleich hinter Khare beginnt der Aufstieg über Felsabbrüche, Geröllberge und Moränen bis zum Rand des Meragletschers, eine riesige von tiefen Spalten durchsetzte Eisfläche. Da es lange keinen Neuschnee gegeben hat, sind die Gletscherspalten gut erkennbar und wir können auf die Seilsicherung verzichten. Mit Steigeisen gehen wir im Gletschereis aufwärts. Anfangs noch wenig geneigt, wird der Gletscher im oberen Bereich bis zu 40 Grad steil. Für geübte Bergsteiger ist das noch keine Schwierigkeit.

Ein wolkenloser, tiefblauer Himmel begleitet uns und gleißendes Sonnenlicht lässt das Eis glitzern. Wie ein riesiger Spiegel breitet sich der Gletscher vor uns aus. Immer noch in weiter Ferne ist oben der Platz für unser Hochlager erkennbar. Weit unten im Tal haben wir unser Basislager zurückgelassen. Mit jedem Höhenmeter wird die Aussicht spektakulärer. Immer mehr Berge tauchen am Horizont auf. Zwischen den fünf Achttausendern reihen sich wie in einer Perlenkette die Traumberge Kyashar, Malanphulan, Ama Dablam, Pumori und unzählige weitere Gipfel auf.

Am späten Nachmittag erreichen wir unser Hochlager in 5780 Meter Höhe an einem aus dem Gletscher herausragenden Felssporn. Wir bauen unsere Zelte auf, das Küchenzelt, gleichzeitig Schlafplatz für Darinji und unseren Träger Nima, und mein kleines Zelt. Gegen Abend breitet sich ein mystisch leuchtendes Licht über den schneebedeckten Bergen aus. Vom dunklen Blau der einbrechenden Nacht begleitet, bringt der Himmel unmittelbar über dem Horizont orange und rosafarbene Farbtöne in allen Nuancen ins Spiel. Wie gebannt stehe ich vor diesem gewaltigen Bergpanorama. Es ist der Anblick, den ich schon zu Hause in meinen Gedanken erhofft hatte.

Nach Sonnenuntergang wird es empfindlich kalt und wir kriechen recht schnell in die warmen Daunenschlafsäcke. Über Nacht steigert sich der Wind zum Sturm. Unablässig rütteln Sturmböen an meinem Zelt. Ich kann nicht einschlafen und wälze mich von einer Seite auf die andere. Gegen zwei Uhr ist die Nacht zu Ende, draußen ist es stockdunkel, nur einige Sterne leuchten am Himmel. Eisiger Wind bläst mir feine Eiskristalle ins Gesicht. Das Thermometer zeigt 25 Grad Minus. Deutlich spüre ich jetzt die Höhe. Übelkeit und Kopfschmerzen begleiten mich. Nur mit großer Überwindung esse ich einige Löffel Müsli. Ich fühle mich nicht wirklich fit für den Aufstieg. Zu schnell waren wir auf 5800 Meter Höhe, die Akklimatisation war noch nicht ausreichend und das Wetter sieht auch nicht gut aus. Trotzdem wollen wir den Gipfelanstieg versuchen. Wir wissen nicht, ob das Wetter in den nächsten Tagen noch einmal besser wird. Gegen drei Uhr brechen wir auf. Jeder Schritt im starken Sturm wird zur Anstrengung. Noch ist es so dunkel, dass überhaupt keine Geländestrukturen zu erkennen sind. Im Gegensatz zum Vortag ist der Aufstieg heute nochmals viel steiler. Wir wühlen uns durch meterhohen Schnee und ich bin dankbar, dass Darinji vor mir eine Spur tritt. Der Sturm lässt nicht nach und obwohl ich gut gefütterte Expeditionshandschuhe trage, spüre ich meine Fingerspitzen nicht mehr. Trotz ständiger Bewegung der Finger wird es nicht besser. Der starke Wind drückt uns erbarmungslos in den aufwirbelnden Schnee. Immer häufiger schleicht sich der Gedanke ein, einfach umzukehren, abzubrechen. Die Höhe, der Sturm, die Kälte, Kopfschmerzen und die Anstrengung zehren unaufhaltsam an meinen Kräften. Ich zähle meine Schritte, wieder und wieder, 50 Schritte und Pause, 50 Schritte und Pause und sehne mich nach dem ersten Tageslicht. Meter für Meter kämpfen wir uns nach oben. Endlich taucht ein erster hellrosa Lichtsaum über den Bergen am Horizont auf. Ein wunderbares Morgenlicht erlöst uns von der Dunkelheit. Jetzt können wir bereits den letzten steilen Gipfelaufschwung erkennen.

Viel später und sehnsüchtig erwartet, schiebt auch die Sonne ihre ersten wärmenden Strahlen über die Berge am Horizont. Das verschafft uns neue Energie für die letzten Höhenmeter. Gegen acht Uhr erreichen wir den Gipfel. Über uns ist tiefblauer Himmel, doch der Wind ist immer noch so stark, dass wir uns nur mühsam aufrecht auf dem schmalen Gipfelgrat halten können. Wir umarmen uns. Freude kommt auf und Dankbarkeit für Darinji, meinen Freund und Guide. Nur wenig Zeit bleibt uns auf dem Gipfel, der Sturm drängt zum Abstieg. In weniger als zwei Stunden erreichen wir unser Hochlager, wo uns Nima bereits mit einem heißen Tee empfängt. Am späten Vormittag steigen wir weiter über den Gletscher ab und schauen ein letztes Mal auf die gewaltige Bergkette, ehe wir immer tiefer kommend Khare erreichen. Noch am gleichen Tag gehen wir die wenigen Stunden bis hinunter nach Tangnang.

f-stop

Kaum sind wir in Tangnang in der letzten noch geöffneten Unterkunft angekommen, als Darinji und Nima schon eifrig mit dem Betreiber diskutieren und mir wenig später einen neuen Plan vorschlagen. Die Unterkünfte auf dem Rückweg durch das Hinku-Tal haben vielleicht schon fast alle wegen dem bevorstehenden Winter geschlossen und überhaupt sei der vier Tage dauernde Weg zurück nach Lukla viel zu weit. Viel einfacher und schneller wäre es doch, über einen „short cut way" der Einheimischen innerhalb von einem einzigen Tag Lukla zu erreichen. Diesen Weg könne man mit einer Gruppe nicht gehen, aber mit mir wäre das schon möglich. Keine schlechte Idee. Auf meine Frage, wie viele Stunden wir auf diesem Weg unterwegs sein werden, geben sie etwas kleinlaut und kichernd die Antwort – 19 Stunden. Aber dafür wären wir dann auch in Lukla. Typisch Nepalesen denke ich. Keine Schmerzgrenze bei 19 Stunden Gehzeit. Und wo bleibt dann für mich noch Zeit zum Fotografieren? Ungläubig lachend lehne ich den Vorschlag ab. Wenig später erklärt mir Darinji freudestrahlend, sie hätten sich geirrt, die Wegezeit betrage nur zehn Stunden. So ganz kann ich der Erklärung nicht glauben, trotzdem stimme ich etwas verunsichert zu.

Am Morgen brechen wir zeitig auf. Über steile Berghänge der rechten Talseite laufen wir auf einem kaum erkennbaren Pfad. Oft verliert sich dieser in der Landschaft und schon jetzt ist die Wegfindung eine Herausforderung. Erschwerend sind viele kleine zugefrorene Bergbäche über deren steiles, spiegelglattes Eis wir hinüberklettern. Der Pfad zieht sich scheinbar ewig und eröffnet dafür aber immer neue atemberaubende Ausblicke auf die umliegenden Gipfel. Am Nachmittag endlich rückt der Pass langsam näher. Davor liegt eine letzte exponiert, felsige Steilstufe, die geklettert werden muss. Mit unserem schweren Gepäck ist dies die erste wirk-

Seite 96: Eine zweite Gruppe Bergsteiger steigt auf dem Meragletscher zum Hochlager auf.

Seite 97: Das Hochlager im Geröll an einem Felssporn mitten im Gletscher. Von hier aus brechen wir nachts in der Dunkelheit zum Gipfel auf.

Endlich ist das Tageslicht angebrochen. Eisige Kälte umgibt uns während einer Pause unmittelbar vor dem letzten Gipfelanstieg. Im Hintergrund der Hauptgipfel des Mera Peak, 6476 Meter.

liche Herausforderung. Schon jetzt verstehe ich, warum nur Einheimische diesen Weg gehen. Am Pass angekommen, stellen wir entsetzt fest, dass eine gefährlich und extrem steile Schuttrinne hinabführt und wir noch gar nicht am eigentlichen Pass sind. Dieser zeigt sich viel weiter am Horizont entfernt. Dazwischen liegt ein Hochtal, das mit Geröll und Felstrümmern bedeckt ist. Mindestens zwei Stunden werden wir dorthin brauchen und inzwischen ist es bereits später Nachmittag.

Wir laufen nach Westen, die tief stehende Sonne ist so grell, dass wir geblendet nur mühsam einen Weg zwischen dem Felsgeröll finden können. Wenig später versinkt sie als riesiger Feuerball hinter dem Horizont und wir erreichen endlich den Pass. Vielleicht 1000 Höhenmeter tiefer schauen wir auf eine geschlossene Wolkendecke. Felsige, grün bewachsene Bergspitzen schauen wie Inseln daraus hervor. Der Abstieg führt über eine gut 30 Meter hohe, fast senkrechte Felswand. Auf schmalen Felsbändern kann man gut abklettern, aber die Folgen eines Sturzes wären nicht auszudenken. Spätestens jetzt sind auch meine beiden nepalesischen Begleiter besorgt und müssen einsehen, dass unsere Entscheidung, diesen Weg mit dem schweren Gepäck zu gehen, leichtsinnig war. Mir ist nicht wohl bei dem Gedanken weiterzugehen. Es wird bald dunkel und vor uns liegt noch ein Abstieg von 2100 Höhenmeter. Noch einmal verteilen wir das Gepäck. Wir wollen so umpacken, dass wir besser und sicherer abklettern können. Nima trägt jetzt trotzdem zwei große Rucksäcke aneinander gebunden. Darinji trägt einen Rucksack und einen Teil meiner Ausrüstung. Ich habe meinen Fotorucksack jetzt etwas leichter, aber auch noch etwa 15 Kilogramm schwer. Auf keinen Fall wollen wir uns beim Abstieg mit Gepäck einem erhöhten Risiko aussetzen. Im letzten Tageslicht klettern wir die Felswand ab. Hochkonzentriert schiebe ich mich Meter für Meter nach unten. Ich wage nicht, in die Tiefe zu schauen. Ein einziger Fehltritt, eine einzige Unaufmerksamkeit, ein lockerer Griff oder Tritt kann das Ende bedeuten. Unterhalb der Felswand fällt ein mit riesigen Felstrümmern bedeckter Berghang steil ab. Nach einer gefühlten Ewigkeit erreichen wir schweißüberströmt den Wandfuß.

Inzwischen ist es dunkel und wir balancieren weglos von Stein zu Stein über scheinbar endloses Felsgeröll. Immer häufiger stehen wir vor schwer abzuschätzenden Abgründen, ein Weg ist nicht mehr erkennbar. Nima leuchtet mit einem schwachen Licht seines Handys, Darinji mit einer fast leeren Stirnlampe und nur mein Licht ist so stark, dass wir überhaupt etwas erkennen können. Immer öfter verlieren wir die Orientierung und stehen im unwegsamen Gelände. Ich schlage ein Notbiwak für die Nacht vor. Nima und Darinji wollen jedoch unbedingt Lukla erreichen. Wiederholt suchen sie nach dem Weg, borgen sich meine Stirnlampe, während ich im Dunkel der Nacht warte. Nach einer halben Stunde kommen sie zuversichtlich zurück. Wir müssen noch einmal 100 Meter aufsteigen, dort befindet sich der Weg. Irgendwann tauchen wir in die Wolkendecke ein. Ich atme den feuchten Wasserdampf der im Licht meiner Stirnlampe wie feiner Nebel reflektiert. Endlich gelangen wir nach Stunden auf den gut ausgetretenen Hauptweg vom anderen Passübergang. Gegen 23 Uhr erreichen wir Lukla und lassen wortlos unsere Rucksäcke fallen. Erst jetzt spüren wir deutlich unsere Erschöpfung. 15 Stunden waren wir unterwegs. Längst ist in den umliegenden Häusern nächtliche Ruhe eingekehrt und alle Fenster sind bereits dunkel. Mit lautem Rufen wecken wir eine Frau an unserer Unterkunft und sind erleichtert, als wir den Raum betreten können. Mein Mund ist seit Stunden völlig ausgetrocknet, lange haben wir nichts mehr getrunken. Darinji holt nicht nur drei, sondern gleich ganze sechs Büchsen Bier von der Theke und wenig später stehen vor uns drei dampfende Suppenschüsseln. Dankbar, dass alles gut gegangen ist, froh und glücklich über die überstandenen Anstrengungen und Gefahren umarmen wir uns als Freunde und stoßen auf das gemeinsame Abenteuer an. Es ist bewegend, wie uns diese Tour unter schwierigsten Bedingungen im Vertrauen aufeinander als Team zusammengeführt hat und für uns alle eine bleibende Erinnerung wird. Meine angefrorenen Fingerspitzen vom Gipfeltag, sollte ich allerdings auch noch wochenlang zu spüren bekommen.

Links: Gebetsfahnen markieren den höchsten Punkt des Mera Peak. Der Sturm ist so stark, dass wir uns kaum auf den Beinen halten können.

Seite 102/103: Am Abend berühren die letzten Sonnenstrahlen den imposanten Gipfel des Makalu, 8485 Meter.

Machapuchare

Durch Bergurwald zum Sitz der Götter

In den frühen Morgenstunden geht unser Flug von Kathmandu nach Pokhara am idyllisch gelegenen Phewa-See. Schon von hier aus ist unser Ziel, der auffallend markante Gipfel des Machapuchare, in der Annapurna-Gebirgskette sichtbar. Nördlich von Pokhara beginnt das Annapurna Conservation Area Project (ACAP), ein Schutzgebiet, in dem die Erhaltung der Natur im Vordergrund steht, gleichzeitig aber auch die sozioökonomischen Lebensbedingungen der hier lebenden Bevölkerung verbessert werden sollen. Mit mehr als 7600 Quadratkilometern ist es das größte Naturschutzgebiet Nepals, mit Höhenlagen von 790 bis 8091 Metern. Dementsprechend vielfältig sind Fauna und Flora. Besondere Fürsorge gilt außerdem für die, in höheren Lagen anzutreffenden, sehr seltenen Blauschafe und Schneeleoparden.

Die Gründung des Annapurna Conservation Area Projects im Jahr 1986 war gleichzeitig auch der erste Versuch, die Bewohner der Annapurna-Region bei der Planung nicht auszuschließen, sondern zu integrieren. Dies heißt, auch das zunehmende Bevölkerungswachstum und damit den höheren Bedarf an Weide- und Agrarflächen zu berücksichtigen und den Tourismus mit einzubinden.

Heute noch ernähren sich viele Bewohner in höher gelegenen Tälern der Region von reiner Subsistenzwirtschaft. Vermehrt kommt in den letzten Jahren der Nebenverdienst durch den Tourismus hinzu.

In zahlreichen kleinen Dörfern der Annapurna-Region leben vorrangig die Gurung, ein nepalesischer Volksstamm mit tibetischen Wurzeln. Ursprüngliches Siedlungsgebiet der Gurung waren die Hochgebirgswälder an den Südhängen des Himalaya. Heute liegen ihre Dörfer zwischen den hoch liegenden Wäldern und den tiefer liegenden Reisterrassen. Ihre Lebensgrundlage bilden Ackerbau und Viehzucht.

Erst vor wenigen Jahren wurde der Weg zum Mardi Himal als neue Trekkingroute erschlossen. Er führt von Kande über Deurali, Forest Camp und High Camp hinauf zum Mardi Himal Base Camp in 4500 Metern Höhe. Unterwegs und besonders an den letzten Aufstiegstagen bieten sich atemberaubende Blicke auf Annapurna und Dhaulagiri und vor allem auf einen der schönsten Berge Nepals, den 6993 Meter hohen Machapuchare. Der Anblick von Westen auf seinen formschönen Doppelgipfel verlieh dem Berg seinen Namen, der übersetzt „Fischschwanz“ bedeutet. Als Sitz des Amitabha, des Buddha des grenzenlosen Lichtes und der umfassenden Liebe, gilt der Berg als heilig und darf nicht bestiegen werden. In den 1960er-Jahren erhielt eine britische Expedition nur unter dem Versprechen, den Gipfel nicht zu betreten, die Erlaubnis für eine Besteigung. Nur fünfzig Meter unterhalb des Gipfels wurde der Aufstieg damals auch tatsächlich abgebrochen. Erst im Jahr 1964 erließ der nepalesische König ein endgültiges Besteigungsverbot für den Berg. Trotzdem gab es vermutlich in den 1980er-Jahren eine illegale Besteigung dieses heiligen Berges. Die Ignoranz mancher westlichen Bergsteiger und die damit verbundene Verletzung religiöser Gefühle der vor Ort lebenden Menschen beschreibt eine oft wiederkehrende Geschichte im Alpinismus.

Vorherige Seiten: Unser Weg führt durch nebelverhangenen Bergurwald mit zahlreichen Rhododendronarten.

Links: Hinter dem Forest Camp Kokar zeigt sich zum ersten Mal der Machapuchare, der „Fischschwanz“.

Gleich nach der Ankunft auf dem Flughafen Pokhara haben unsere Begleiter Darinji und Dorje einen Jeep gefunden, der uns weiter zum kleinen Dorf Kande bringt. Dort am Straßenrand laden einige einfache Schnellküchen-Restaurants zum Essen ein. Es sind kleine verstaubte Bretterbuden, vor denen ein wackeliger Tisch, eine Bretterbank und ein paar Plastikstühle aufgestellt sind. Der Straßenstaub der letzten zwanzig Jahre scheint sich hier dauerhaft niedergelassen zu haben. Aus der dunklen Küche dringt ein leckerer Geruch nach Curry zu uns. Ehe wir in die Berge aufsteigen bietet sich hier eine gute Gelegenheit, schnell noch ein warmes Essen zu bekommen. Unsere Frage zur Speisenauswahl fällt eindeutig aus. Dal Bhat, nur Dal Bhat, immer wieder Dal Bhat.

Als Reisender wird man unweigerlich gleich in den ersten Tagen einer Nepalreise mit Dal Bhat konfrontiert. Es ist das bekannteste Alltagsgericht Nepals, in jeder Küche zu bekommen und wird fast zu jeder Tageszeit gegessen. Überaus nahrhaft und gehaltvoll wird das Essen so lange reichlich auf den Teller nachgefüllt, bis auch der Hungrigste vollständig gesättigt ist. Der beste Energieschub für eine kräftezehrende und anstrengende Trekkingtour. Und so ist wohl unter Reisenden der beliebte Spruch aufgekommen „Dal Bhat Power twenty-four hour". Ein Spruch, der es inzwischen längst auch aufgedruckt auf nepalesische T-Shirts geschafft hat.

Ein gutes Dal Bhat kann sehr vielfältig sein. Regional und auch saisonal variiert die Zubereitung stark. Hauptbestandteil des Gerichts bilden immer Dal und Bhat – Linsen und Reis. Die Linsen werden in einer suppenähnlichen Konsistenz zubereitet. Dazu gibt es ein oder auch mehrere verschiedene Gemüsecurrys – Tarkari. Dal Bhat kann als vegetarisches Gericht oder auch mit Hühnchen-, Hammel-, Rindfleisch oder mit Fisch zubereitet werden. Dazu gibt es Mixed Pickels – süßsauer und scharf eingelegte Früchte und Gemüse, und natürlich Naan – dünnes Fladenbrot, oder Papadam – aus dem Mehl von Hülsenfrüchten zubereitete, hauchdünne, frittierte, knusprige Fladen. Wichtigste Gewürze sind Koriander, Kreuzkümmel, Kardamom, Kurkuma, Ingwer und reichlich Chili.

Die letzten Höhenmeter auf dem Weg zum Upper View Point und Mardi Himal Base Camp in 4500 Meter Höhe. Das Hochlager mit seinen Hütten liegt weit zurück.

Am einfachen Küchenstand am Straßenrand werden die verschiedenen Currys und Beilagen in kleinen Häufchen auf einen Blechteller gelegt. In besseren Restaurants sind die einzelnen Beilagen in separaten Schälchen auf einem großen Messingteller angerichtet. Fast unscheinbar wirken die kleinen Chilischoten am Tellerrand, die bei keinem Dal Bhat fehlen dürfen und wohl jedem westlichen Reisenden Tränen in die Augen treiben. Gegessen wird Dal Bhat traditionell mit den Fingern der rechten Hand. Dabei werden die einzelnen Beilagen mit dem Reis vermengt und mit drei Fingern und dem Daumen wie mit einem Löffel in den Mund geschoben. Tatsächlich schmeckt Dal Bhat mit den Fingern gegessen wesentlich intensiver und köstlicher.

Unmittelbar in Kande beginnt der Aufstieg zum kleinen Dorf Deurali. Vorbei an terrassenartig angelegten Reisfeldern und kleinen Siedlungen der Gurung geht es stetig bergauf. Obwohl die Berge im Himalaya häufig bis auf eine Höhe von 4000 Metern bewohnt sind, liegt hier das letzte Dorf Deurali nur auf 2100 Meter Höhe. Weiter oben in den Bergen auf dem Weg zum Base Camp gibt es keine bewohnte natürliche Ansiedlung mehr, nur noch einige Lodges und Unterkünfte warten auf die Bergwanderer. Schon wenige Höhenmeter nach den letzten Häusern von Deurali endet die Kulturlandschaft und weitläufiger Monsunregenwald überzieht die Berghänge. Wir tauchen in den Regenwald ein.
Im dichten Unterholz schlängelt sich der unwegsame Pfad an Rhododendren und mächtigen Urwaldbäumen vorbei. Riesige urwüchsige Farne bedecken den Boden, während oben in den Bäumen vereinzelte Orchideen blühen. Umgestürzte Bäume werden in kürzester Zeit von neuen Pflanzen besiedelt und zerfallen langsam zu neuem Nährstoff für die nächste Generation.

Ein dichter Teppich aus Moosen und jungen Pflanzen bedeckt den Boden. Dicke Moospolster, unzählige Epiphyten und meterlange Flechten wachsen bis in die Kronen der alten Urwaldriesen. Würgepflanzen umschlingen die alten Baumstämme, bis diese unter der Last der Pflanzenmasse zusammenbrechen. Ein Kampf ums Überleben. Nur wer es schafft, sich zu behaupten und einen Platz am Licht zu erreichen, hat eine Chance.

Nebelschwaden ziehen durch die Baumkronen. Nur wenig Tageslicht dringt durch das dichte Kronendach der alten Bäume. Geradezu mystisch, wie ein Märchenwald, wirkt das dunkle Grün. Stille breitet sich aus, nur unterbrochen vom Knacken von Ästen und einzelnen Vogelstimmen. Plötzlich durchbricht Lärm die Stille.
Wie aus dem Nichts taucht eine Wandergruppe nepalesischer Schüler auf, die dem gleichen Weg folgen.
Die schrille Musik aus ihren Handys übertönt die Ruhe des Waldes. Ausgerüstet wie zu einem Schulausflug in leichten Turnschuhen, mit Reisetaschen, Rucksäcken und Beuteln steigen die jungen Schüler lachend und schwatzend zum nächsten Camp auf.

Auf einer Höhe von 3000 Metern verändert sich das grüne Landschaftsbild. Der Wald lichtet sich und gibt immer öfter grandiose Ausblicke auf den Machapuchare frei. Wie ein Bilderrahmen umfassen die Baumkronen den imposanten Berggipfel. Die Landschaft nimmt zunehmend alpinen Charakter an und irgendwann ist die Baumgrenze erreicht. Inzwischen führt der Weg über den langen Bergrücken des Mardi Himal aufwärts, nur noch begleitet von niedrigwachsenden Rhododendron- und Wacholderbüschen. Immer neue Blicke öffnen sich nach Westen ins grüne Flusstal des Modi Khola an dessen Talende sich majestätisch die steilen Eisflanken der 8091 Meter hohen Annapurna erheben. Im Talverlauf sind die Häuser der Dörfer Landruk und Gandhruk zwischen grünen Feldern bis hinauf nach Dobhan wie eine Perlenkette scheinbar an den steilen Berghang geklebt.

Immer näher sind wir inzwischen auch dem Machapuchare gekommen. Vom High Camp in 3600 Meter Höhe bietet sich ein atemberaubender Blick auf die fischschwanzähnliche Gipfelpyramide. Doch die Sicht auf den Berg wird immer wieder von dicken Nebelschwaden verdeckt. Erst in den Abendstunden geben die Wolken den Ausblick frei. Unglaublich schön erglüht der Machapuchare im sanften Abendlicht, bis Dunkelheit den Berg verhüllt und Tausende Sterne über seinem Gipfel aufleuchten.

Ein letzter mehrstündiger, scheinbar wegloser Aufstieg führt am nächsten Tag über ein steiles Geröllfeld zum Mardi Himal Base Camp hinauf. Glücksverheißende Gebetsfahnen flattern im wolkenlos blauen Himmel vor dem Panoramablick auf die umliegenden Berge. Zum Greifen nah liegt der Machapuchare jetzt vor uns.

Der Rückweg am Abend in dichtem Nebel und Dunkelheit, vorbei an tiefen Felsabbrüchen, wird zu einer gefährlichen Wegsuche. Die letzte Herausfor-

derung stellt am nächsten Tag der Abstieg über 2000 Höhenmeter zum kleinen Dorf Sidhing dar. Träger, die ihre schweren Lasten zu den Unterkünften transportieren, kommen uns im Wald entgegen. Längst haben wir wieder eine Höhenlage mit subtropischen Temperaturen erreicht. Noch eine gute Wegstunde vom Dorf entfernt treffen wir auf ein erstes Wohnhaus. Die Familie lebt vom Verkauf von Bambusmatten. Der hier überall wachsende Bambus wird geerntet und mit einer Machete in meterlange schmale Streifen geschnitten, die später zu großen Matten verflochten werden.

Hier in den Bergen sind die Erwerbsmöglichkeiten der Bewohner äußerst begrenzt. Harte Arbeit prägt den Lebensalltag oft bis ins hohe Alter. In Sidhing machen wir Bekanntschaft mit der 80-jährigen Tullsi und ihrem einzigen Sohn Padam Gautam. Ihr Sohn wird nahe unserer Unterkunft ein neues Wohnhaus für seine Familie errichten. Weil Tullsi selber nicht mehr laufen kann, trägt Padam Gautam seine Mutter jeden Morgen auf seinem Rücken zur Baustelle. Dort verbringt sie den Tag am Boden hockend, um gebrochenes Felsgestein mit einem Hammer zu Schotter für den Hausbau zu zerkleinern. Der nebenliegende Schotterhaufen, lässt die mühsame, wochenlange Arbeit nur erahnen. Ihre schwieligen Hände können nur mit Mühe den Hammer halten, während ihr vom langen Leben gezeichnetes Gesicht Lebensfreude und Wärme ausstrahlt. Gegen Nachmittag bringt der Sohn seiner Mutter das Essen – einen Blechtopf mit Dal Bhat. Erst in der Abenddämmerung wird Padam Gautam sie wieder nach Hause tragen.

Oben: Die 80-jährige Tullsi zerkleinert mit dem Hammer Felsgestein zu Schotter für den Hausbau.

Seiten 112/113: Ein Bauer lässt seine Yaks im 3600 Meter hohen Hochlager vor dem Machapuchare weiden.

Mustang

Verborgenes Königreich

Unmittelbar hinter den letzten Häusern von Jomsom führt der Weg hinunter ins ausgewaschene Flussbett des Kali Gandaki. In seinem nördlichen Abschnitt wird es von trockenen, wüstenähnlichen Berghängen begleitet. Nur wenige Kilometer südlich durchschneidet der Fluss den Hauptkamm des Himalayas.

Auf beiden Seiten des Kali Gandaki erheben sich majestätische Achttausender, im Osten die Annapurna mit 8091 und im Westen der Dhaulagiri mit 8167 Metern. Beide Berge sind nur 34 Kilometer voneinander entfernt. Dazwischen liegt das Flusstal des Kali Gandaki mit einer der tiefsten Schluchten der Welt und einem Höhenunterschied von mehr als 5600 Metern. Im Quellgebiet des Flusses, hinter dem Hauptkamm des Himalaya, liegt Mustang, das verborgene Königreich Lo. Seine Menschen nennen sich selber Lo Pa – Bewohner von Lo. Sie zählen ethnisch zu den Tibetern.

Über einen langen Zeitraum blieb das Königreich Ausländern verschlossen. Der schwedische Entdeckungsreisende und Geograf Sven Hedin erreichte bereits 1905 von Tibet aus kommend das nördliche Mustang. Vermutlich war aber Dr. Toni Hagen, ein Schweizer Geologe, 1952 einer der ersten Ausländer überhaupt, die Mustang offiziell besuchen durften. Im Auftrag der nepalesischen Regierung erforschte er damals geologische Besonderheiten der Region.

Erst seit wenigen Jahren ist Mustang für Ausländer zugänglich. Bis heute ist eine Reise nach Mustang jedoch nur mit einem teuren Sonderpermit möglich. Seit ich mich für die Berge des Himalaya begeistere, war dieses Königreich immer mein Sehnsuchtsziel.

Der Flug von Pokhara ist unwetterbedingt ausgefallen und wir müssen die lange Anreise durch die Kali-Gandaki-Schlucht im Jeep zurücklegen. Zusammengequetscht mit sieben Personen und dem vielen Gepäck in dem kleinen Fahrzeug, ist das eine leidvolle und schmerzhafte Herausforderung. Fast unüberwindbar scheint die Piste und bei jedem Sprung, den der Jeep über größere Felsbrocken macht, knallt mein Kopf unsanft an das Fahrzeugdach.

Senkrecht aufragende Felswände, Wasserfälle und Schlammlawinen nach den starken Regenfällen und schwierigste Schotterpisten oft unmittelbar am Abgrund über dem Fluss, machen die Fahrt zum Abenteuer. Für die 160 Kilometer benötigen wir elf Stunden Fahrtzeit, manchmal nur im ersten Gang und in Schrittgeschwindigkeit. Bis an die Grenze der Belastbarkeit quält unser Fahrer seinen Jeep. Völlig erschöpft erreichen wir mitten in der Nacht unser Ziel in Jomsom.

Von hier aus geht es für uns zu Fuß weiter. Mit schweren Rucksäcken beladen laufen wir am nächsten Morgen auf schmalem Weg über Kies- und Sandbänke des Kali Gandaki, dessen Flussbett hier bereits mehrere Hundert Meter breit ist. Zu dieser Jahreszeit im Mai führt der Fluss nur noch wenig Wasser.

Jahrtausendelange Urgewalt des Wassers hat den gewaltigen Durchbruch durch die Berge geschaffen. Nirgendwo im Himalaya ist es so einfach den Hauptkamm zu überqueren, wie durch die Schlucht des Kali-

Vorherige Seiten: In Lo Manthang sitzen die Menschen häufig vor ihren Häusern, um mit Nachbarn zu kommunizieren oder das Alltagsleben zu beobachten.

Links: Auf dem Weg nach Lo Manthang sind zahlreiche bemalte, buddhistische Stupas errichtet. Die Farben zeigen auch die Zugehörigkeit zu den Sakyapa, einer der vier großen Schulen des tibetischen Buddhismus.

Gandaki. Jahrhundertelang war dieses Flusstal ein bedeutender Handelsweg, eine Karawanenroute zwischen Nepal und Tibet. Entlang dieser Route entstanden zahlreiche Festungen lokaler Herrscher, die den Handelsweg kontrollierten und durch Zollgebühren und Steuern spürbar Wohlstand erlangten. Im Jahr 1380 gelang es dem aus tibetischem Adelsgeschlecht stammenden Amepäl, die Festungen im oberen Kali-Gandaki-Tal unter seiner Herrschaft zu vereinen. Vermutlich entstand in diesem Zeitraum das Königreich Lo. Annähernd 400 Jahre konnte sich das kleine Reich behaupten, ehe es 1760 durch das in Westnepal gelegene Königreich Jumla erobert wurde. Ende des 18. Jahrhunderts besetzten die Gorkhas, die unter dem aufstrebenden Herrscher Prithvi Narayan Shah bereits die Malla-Dynastie im Kathmandutal unter ihre Gewalt gebracht hatten, die Region Mustang.

Trotz aller geschichtlichen Wirren konnte sich die Dynastie des ersten Herrschers von Lo bis in die heutige Zeit fortsetzen. Der letzte offizielle König von Mustang und 25. Herrscher der Lo-Dynastie war Jigme Dorje Trandul. Bis zu seinem Tod im Jahr 2016 lebte er noch in seinem Palast, einem Lehmbau in Lo Manthang, dem Hauptort Mustangs. Als die nepalesische Regierung im Jahr 2008 die Republik Nepal ausrief und die Monarchie abschaffte, wurde auch dem König von Mustang der Königstitel aberkannt. Sein Volk verehrte ihn trotzdem weiterhin als ihren Herrscher, als Raja.

Die Bewohner Mustangs lebten viele Jahrhunderte vom Handelsweg nach Tibet. Wochenlang waren die Karawanen hinauf ins nördliche Tibet unterwegs. Salz war das wichtigste Handelsgut, welches an den großen abflusslosen Salzseen in Tibet auf der Hochebene Changtang gewonnen wurde. Das Salz vom Dach der Welt wurde gegen Getreide aus Nepal, Getreide der Lo Pa gehandelt. Lange profitierte man vom Monopol auf den Salzhandel. Begünstigt durch neue, bessere Handelsrouten und später auch durch andere Möglichkeiten der Salzgewinnung, begann Ende des 19. Jahrhunderts der zunehmende Niedergang der Handelsroute und damit des Salzhandels durch das Kali-Gandaki-Tal. Mit

Das kleine Dorf Tangge mit seinen unzähligen bemalten Stupas ist umgeben von Gerstenfeldern und eingebettet in eine einzigartige Erosionslandschaft.

dem Ende des Salzmonopols 1928, verlor Mustang einen Großteil seiner wertvollen Steuereinnahmen. Endgültig kam der Salzhandel aber mit der chinesischen Annexion Tibets ab dem Jahr 1950 zum Erliegen.

Die Lo Pa traf dies besonders hart. Zum einen wurde der Handel über die neu gezogene Grenze zu Tibet unterbrochen und zum anderen war es ihnen fortan auch nicht mehr möglich, ihre Viehherden über den Kora-La-Pass, auf die höher gelegenen saftigen Sommerweiden in der Grenzregion Tibet zu bringen. Für die Lo Pa war dies der Verlust ihrer Lebensgrundlagen, da in Mustang durch klimatisch bedingte Trockenheit nur wenig Weidefläche zur Verfügung steht. Innerhalb weniger Jahre verloren die Lo Pa einen Großteil ihres Viehs. Die Menschen verarmten zunehmend.

Nach der Annexion Tibets durch die Chinesen zogen sich tibetische Guerillakämpfer, die Khampas, ins grenznahe Mustang zurück, um von dort aus mit Unterstützung der CIA einen verzweifelten Widerstand gegen chinesische Einrichtungen in Tibet zu führen. Daraufhin erklärte die nepalesische Regierung Mustang zum militärischen Sperrgebiet. Die Region wurde vollständig abgeriegelt und eine Nachrichtensperre verhängt.

Mehr als zehn Jahre waren die Lo Pa neben dem Verlust von Weideflächen und Handelsmöglichkeiten zusätzlich den schweren Repressalien durch die Khampas ausgesetzt. Immer wieder kam es zu feindlichen Auseinandersetzungen zwischen der Bevölkerung und den tibetischen Khampas. Diese stahlen sich von den Lo Pa Lebensmittel und Vieh. Mit Einstellung der amerikanischen Unterstützung der Widerstandskämpfer und dem Eingreifen der nepalesischen Armee beruhigte sich die Situation und die Khampas konnten entwaffnet und befriedet werden. Allerdings sollte es noch bis 1991 dauern, ehe die nepalesische Regierung Mustang für Ausländer öffnete.

Die Region weist einige geologische und klimatische Besonderheiten auf. Im Regenschatten des Himalaya, auf der Nordseite des Hauptkamms gelegen, fällt in Mustang nur extrem wenig Niederschlag. In Lo Manthang liegt die durchschnittliche Niederschlagsmenge pro Jahr bei nur 143 Millimetern. Der aus dem Süden kommende jährliche Monsunregen wird vor der gewaltigen Barriere des Himalaya-Hauptkamms aufgehalten und regnet sich auf der Südseite der Berge ab. Auf der Nordseite regnet es dementsprechend nur selten. Starke thermische Winde, die besonders in den Nachmittagsstunden auftreten, tragen zusätzlich zur Austrocknung des Bodens bei. Diese Winde entstehen in der Schlucht des Kali Gandaki. Durch Sonneneinstrahlung erwärmte Luftmassen steigen nach oben, während gleichzeitig kalte Luft nach unten gedrückt wird. Die Schlucht bildet dabei einen Windkorridor, der die staubigen Luftmassen in Form von starken Winden nach Norden bringt.

Mit diesen klimatischen und topografischen Bedingungen zählt Mustang zu den trockensten Regionen Nepals. Mustang liegt zwischen dem Himalaya-Hauptkamm und dem tibetischen Hochland. Im Westen umschließen die Bergketten der Region Upper Dolpo das Hochtal. Das ganze Tal ist Teil eines früheren Meeresbodens mit bis zu 850 Meter hohen Sedimentablagerungen.

Im oberen Kali-Gandaki-Tal finden sich in den Sedimenten auch häufig fossile schwarze Ammoniten, die als eine direkte Inkarnation des hinduistischen Gottes Vishnu verehrt werden. Einem solchen Shaligram-Shila-Stein werden magische Kräfte und Energie zugeordnet und er gilt seinem Besitzer als glücksverheißend.

Das Tiji-Festival mit den Maskentänzen der Mönche findet alljährlich in Lo Manthang vor dem Königspalast statt. Jede der Masken hat eine bestimmte Bedeutung.

Das Quellsystem des Kali Gandaki besteht aus vielen kleinen Flüssen, die ihren Ursprung an den Gletschern der umliegenden Berge haben. Über einen langen Zeitraum haben die Flüsse tiefe Schluchten in den ehemaligen Meeresboden gegraben. Das Wasser hat weitere Sedimente und Gesteinsschutt aus dem Himalaya abtransportiert und im Becken des Hochtales abgelagert.

Im Gegensatz zu den hochalpinen Regionen der Himalaya-Hauptkette ist Mustang landschaftlich anders geprägt. Während am Horizont in weiter Ferne die schneebedeckten Berge Tilicho, Nilgiri, Annapurna und Dhaulaghiri nur gelegentlich sichtbar sind, bilden Hochplateaus mit steil abfallenden Erosionsrinnen das typische Landschaftsbild. Durch die Erosion wurden je nach mineralischer Zusammensetzung der Sedimente ganz unterschiedlich farbige Bodenschichten freigelegt. In allen Nuancen scheinen sie in den Farbtönen Braun, Rot, Ocker, bis hin zu Grün und Blau. Häufig sind die Hochplateaus von tief in das Sedimentgestein eingegrabenen Schluchten unterbrochen. Hunderte Meter hoch reichen die steilen, zerklüfteten Konglomeratwände.

Nur an wenigen Plätzen, dort wo das Bodenniveau geeignet ist und vor allem auch Wasser zur Verfügung steht, sind Dörfer und kleine Gerstenfelder angelegt. Ausschließlich mit künstlicher Bewässerung ist es möglich, Landwirtschaft zu betreiben.

Lo Manthang, der Hauptort und ehemalige Königssitz, ist von Jomsom aus zu Fuß in gut fünf Tagen erreichbar. Auf diesem Weg wurden zahlreiche buddhistische Manimauern und Chörten, deren Sockel mit rot-, weiß-, schwarz-, gelb- und ockerfarbenen senkrechten Streifen bemalt sind, errichtet. Rot, Weiß und Schwarz symbolisieren oft die Zugehörigkeit zu den Sakyapa, einer der vier großen Schulen des Buddhismus, deren Hauptkloster Sakya in Tibet liegt.

In den Dörfern werden die meist einstöckigen Häuser aus Flussgeröllen gebaut, mit Lehm verputzt und weiß getüncht. Auf den begehbaren Dächern wird über den Außenmauern, wie eine Barriere, das Brennholz aufgestapelt. An jeder Hausecke flattern auf den Dächern weiße Gebetsfahnen im Wind. Manchmal

Zum Tiji-Festival wird ein riesiger Thangka an einer Außenwand ausgerollt. Darunter haben die höchsten Lamas und junge Novizen des Klosters Platz genommen.

BOY

Upper Mustang Souvenir Shop

förmlich ineinander geschachtelt, mit dunklen, überbauten Durchgängen, muten die Häuser eher wie ein mittelalterliches Wehrdorf an. Enge verwinkelte Gassen führen zwischen den Häusern hindurch. Unmittelbar am Dorfrand umschließen kleine Felder die wenigen Häuser wie eine grüne Oase.

Unser Weg führt von Jomsom über Kagbeni, Chusang, Samar, Geling und Tsarang weiter nach Lo Manthang. Gleich am zweiten Tag verlassen wir auf dem Weg von Chusang das weite Flusstal des Kali Gandaki und steigen über schmale, in den Felsen gehauene Wege nach Samar auf. Über dem Dorf liegt an einem Berghang die neu errichtete Samar Gompa, ein kleines buddhistisches Kloster. Mit deutscher Unterstützung wurde die Gompa auf den Überresten eines alten Klosters gebaut und im Jahr 2012 neu eingeweiht.

Immer bizarrer werden die steilen, vielfarbigen Erosionslandschaften. In der Abenddämmerung leuchten aus weiter Ferne die Gipfel des Nilgiri und der Annapurna herüber.

Hinter Ghemi verändert sich die Landschaft dramatisch. Nach den letzten Häusern erreichen wir die längste Manimauer Mustangs, dann beginnt der Abstieg zum Ghemi Khola, einem Zufluss des Kali Gandaki. Unten im Flussbett stehen weithin sichtbar drei einzelne Chörten. Dort trennen wir uns für einen Tag. Während Darinji mit dem Gepäck und einer kleinen Gruppe einen kürzeren Weg nach Tsarang läuft, werde ich am Fluss entlang nach Dhakmar laufen. Hinter dem Flusstal leuchten riesige Konglomeratfelsen aus rotem Sedimentgestein. Mein Weg führt hier direkt entlang auf das kleine Dorf zu. Der Kontrast zwischen roten Felsen, den davorliegenden grün leuchtenden Gerstenfeldern und weißgetünchten Häusern ist überwältigend schön. Dafür laufe ich gern den mehrstündigen Umweg.

Ein handgemaltes Schild weist den Weg nach Lo Manthang. Im warmen Abendlicht steige ich zu einem Pass auf, der auf eine Hochebene führt. Im Licht der untergehenden Sonne leuchten die ausgewaschenen Berghänge jetzt intensiv ockerfarben. Endlich ein Abstieg und weit unter mir eine kleine Gompa, das Kloster

Die Mönche des Klosters haben ihre Tänze monatelang eingeübt. Sie symbolisieren den Kampf gegen die bösen Geister der uralten Bön-Religion.

Lo Gekar. Die Gompa ist fast verlassen, Mönche sind nicht anzutreffen, nur ein einzelner Mann lädt mich zum Tee ein.

Bis zum Dorf Tsarang sind es noch einmal zwei Stunden. Erst in der Dunkelheit erreiche ich es und treffe dort wieder auf Darinji. Ganze 14 lange Stunden war ich auf meinem Umweg über Dhakmar und den Mui-La-Pass unterwegs, um die roten Felswände zu erleben.

In einer freundlichen Familienherberge stürzen wir uns ausgehungert auf das Abendessen und dann gibt es Chang, um die Anstrengungen des Tages herunterzuspülen. Hausgemachter Chang, traditionelles Gerstenbier, ist das beliebteste alkoholische Getränk der Tibeter und Bergvölker Nepals. Dafür wird Gerste im Topf aufgekocht und anschließend in großen Plastiktonnen unter Zusatz von Hefe etwa fünf Tage lang zum Gären gebracht. Es entsteht eine leicht schaumig trübmilchige Flüssigkeit. Mit einem geringen Alkoholgehalt ist Chang sehr energiereich und nahrhaft und wird häufig auch während der Arbeit und auf dem Feld getrunken. Beim Anblick des Gärungsprozesses in der Plastiktonne gehört wohl für westliche Reisende viel Überwindung dazu, das manchmal unsauber aussehende, trübe Gerstenbier mit säuerlichem, ungewöhnlichem Geschmack zum ersten Mal auszuprobieren. Und auch nicht für jeden geht das gut aus.

In Tsarang steht ein verfallender Königspalast und die Tsarang Gompa mit alten Wandmalereien. Ein über 700 Jahre altes Buch, eine Sammlung mit heiligen Mantras, Texten und Lehren Buddhas, handschriftlich mit goldener Tinte auf Pergament geschrieben und in Tücher eingeschlagen, wird hier aufbewahrt. Davon gibt es nur jeweils ein weiteres Buch in Tibet und in Bhutan.

Gegen Mittag laufen wir meinen Weg vom Vortag am Tsarang Khola entlang zurück zum Kloster Lo Gekar. Nach alten Überlieferungen soll die Gompa bereits über 1200 Jahre alt sein und wäre damit eines der ältesten Klöster des tibetischen Buddhismus. Im 8. Jahrhundert wollte der damalige Herrscher der Yarlung-Dynastie, Trisong Detsen, den Buddhismus endgültig zur Religion Tibets erheben. Bis dahin war in Tibet vor allem die schamanistische Bön-Religion verbreitet. Bön-Geister

Vielfarbige ausgewaschene Erosionsformationen prägen die Berglandschaft in Mustang.

Ein junger Novize aus dem Kloster verbrennt in einer RedBull-Getränkedose Wacholderzweige als Rauchopfer.

und -Dämonen verhinderten aber den Bau der buddhistischen Klöster. Trisong Detsen ließ den großen Guru und buddhistischen Meister Padmasambhava zur Hilfe herbeirufen. Trisong Detsen selbst wurde ein Schüler von Padmasambhava. Der Legende nach besiegte Padmasambhava auf seiner Reise nach Tibet die Dämonen und Geister der Bön-Religion und errichtete an gleicher Stelle das Kloster Lo Gekar. Erst nach dem Bau von Lo Gekar konnte der Buddhismus in Tibet einziehen. Das Blut der besiegten Dämonen aber färbte die umliegenden Felsen rot.

Inmitten vielfarbiger Berglandschaft strahlt Lo Gekar eine göttliche Ruhe aus. Die uralte Klosteranlage war ehemals viel größer angelegt. Um das Kloster sind Manisteine und ganze 108 Gebetsmühlen errichtet. Die Zahl 108 gilt im Buddhismus als heilig und steht dabei für die 108 Bücher der Lehren Buddhas. Im Inneren der Gompa befinden sich an den Wänden uralte Darstellungen von Schutzgottheiten und von Padmasambhava in seinen acht verschiedenen Manifestationen.

Von Lo Gekar aus führt ein steiler Weg zum Pass Marang La in 4300 Meter Höhe. Auf der anderen Seite leuchten schon die grünen Felder von Lo Manthang weit unter uns in der Ebene. Wir gönnen uns eine letzte Rast, ehe wir unser Ziel erreichen. In einem Wohnhaus warten wir auf ein Essen. Am Boden sitzend, mit dem Rücken an die Außenwand gelehnt, überkommt uns plötzlich ein ungewöhnliches Gefühl. Um uns bewegt sich alles, die Hauswände wackeln. Panisch rennen wir nach draußen. Es ist das zweite große Erdbeben im Mai 2015. Das Epizentrum liegt diesmal im Osten Nepals und wir bekommen hier im Westen nur die entfernten Auswirkungen zu spüren.

Gut zwei Stunden später erreichen wir die ersten Häuser von Lo Manthang. Eindrucksvoll und mittelalterlich mutet der alte Stadtkern an. Mächtige hohe

Lehmmauern, vor Jahrhunderten als Stadtbefestigung angelegt, umgeben weite Teile der Ortschaft. Riesige Chörten, Manimauern und unzählige Gebetsmühlen stehen überall in den engen Gassen und zwischen den Häusern. Drei bedeutende Klöster mit alten Wandmalereien aus dem 14. Jahrhundert, ein neu gebauter Klosterkomplex, eine große Klosterschule und der alles dominierende Königspalast, ein mehrstöckiger Lehmbau, wurden hier errichtet.

An der alten Stadtmauer und an vielen Gebäuden hat das Erdbeben seine Spuren hinterlassen. Unmittelbar nach dem Beben galt der Königspalast als einsturzgefährdet. Es folgten zahlreiche Nachbeben, ehe sich die Erde beruhigte. Überall waren die Schäden sichtbar.

Während des dritten Monats des tibetischen Kalenders, im Mai, findet in Lo Manthang das jährliche Tiji-Festival statt. Die Vorfreude auf das Fest ist in der ganzen Ortschaft zu spüren und viele Bewohner der umliegenden Dörfer kommen in die Stadt. Auf den Straßen sitzen die Menschen beieinander. Kinder springen lachend durch die engen Gassen. Ein alter Mann hält liebevoll vor einem Hauseingang sein Enkelkind im Arm. Eine Frau trägt behutsam ihr Baby im Tragetuch auf dem Rücken. Familien sitzen vor ihren Häusern, lachen schwatzen und sind ausgelassen fröhlich.

Ganz in der Nähe ist die Klosterschule. Ein kleiner Mönch hält in der Hand eine leere chinesische Red-Bull-Getränkedose und verbrennt darin Wacholderzweige als Rauchopfer. Der aufsteigende Rauch schützt vor bösen Geistern. Daneben haben junge Klosterschüler ein Türmchen aus Steinen gebaut. Ausgelassen versuchen sie, kleine Steine so nah wie möglich an den Steinturm zu werfen, ohne ihn zu treffen. An der einzigen Wasserstelle auf dem Klosterhof drängeln sich Novizen beim Waschen und Zähneputzen.

Drei Tage lang feiern die Mönche mit ihren Tänzen den Sieg des Buddhismus über die uralte Bön-Religion. Es sind die Maskentänze der Mönche, die jedes Jahr nach monatelanger Vorbereitung auf dem Hauptplatz vor dem Königspalast aufgeführt werden. Jeder Tanz hat eine bestimmte Botschaft, jede Maske eine besondere Bedeutung. Manche Masken stellen buddhistische Schutzgottheiten dar, andere die Dämonen und Geister der Bön. Die Tänze symbolisieren den Kampf der guten gegen die bösen Kräfte der Bön-Geister.

Nur an diesen Festtagen hängt am Königsplatz an einer Außenwand ein riesiger Thangka, ein buddhistisches religiöses Rollbild, unter dem sich die höchsten Lamas des Klosters versammeln.

Das Festival hat nicht nur religiöse und spirituelle Bedeutung. Für die Menschen ist es auch willkommene Unterhaltung und ein Wiedersehen und Treffen mit Bekannten und Verwandten aus den umliegenden Dörfern.

Die Berge um Lo Manthang leuchten im warmen Abendlicht magisch in pastellartigen Farben und machen neugierig auf diese Umgebung. Am nächsten Tag sind wir unterwegs ins nördliche Mustang bis wenige Kilometer vor der tibetischen Grenze.

Ockerfarbene Felswände wechseln mit fast strahlend weißen Bergen, dazwischen liegen wie verschlafen kleine Siedlungen, manchmal nur ein einzelnes Haus.

In den umliegenden Felswänden sind jahrhundertealte, in den Felsen gehauene Höhlenwohnungen, welche zum Teil heute noch genutzt werden. Älteste Grabungsfunde datieren sogar auf einen Zeitraum von mehr als 3000 Jahren. Bis heute sind nur wenige dieser teilweise schwer erreichbaren Höhlensysteme erforscht. Bis zu 10.000 solcher Höhlen soll es in der Region Mustang geben.

Einige Höhlenwohnungen sind zum Teil zugänglich und ich nehme die Gelegenheit einer Besichtigung wahr. Bei dem Gedanken an das Erdbeben fühle ich mich in den engen Höhlengängen überhaupt nicht wohl und bin froh, als ich wenig später wieder draußen bin.

Auf der anderen Talseite steht vor einer Felswand das rot getünchte Felsenkloster Nhyphu, dessen dunkle Gebetsräume tief in einer Höhle liegen.

Wir verlassen Lo Manthang, in wenigen Tagen läuft unser Permit ab und wir haben noch einen weiten Rückweg vor uns. Das Festival ist zu Ende, die Menschen kehren zurück in ihre Dörfer. Zu Fuß schleppt ein Mann einen Koffer zum Pass hinauf und ist froh, als ein LKW ihn mitnimmt. Seit wenigen Jahren gibt es die neue Straße, eine staubige Piste von Tibet nach Mustang und Nepal. Gebaut wurde sie von China, um seinen wirtschaftlichen Einfluss in dieser Region und in ganz Nepal auszubauen.

Auf schmalem Pfad biegen wir zum Lo-La-Pass ab und kommen in immer spektakulärere Erosionslandschaften. Es ist eine der wildesten und schönsten Regionen Mustangs.

Hinter dem Pass liegt tief unter uns das kleine Dorf Dhi. Wie eine Oase teilen sich die wenigen Häuser den begrenzten Platz inmitten grüner Felder. Unten im Tal ist der Frühling im Gegensatz zum höher gelegenen Lo Manthang schon eingekehrt. Die Menschen arbeiten auf ihren Feldern. Das Grün von Gerste und Buchweizen leuchtet in der kargen Landschaft.

Vor uns liegt ein 500 Höhenmeter extrem steiler Abstieg durch ein Labyrinth aus Erosionsrinnen und steilen Schutthalden. Über ein hochgelegenes Plateau, weit über dem Flusstal des Kali Gandaki, windet sich der Weg über mehrere kleine Pässe bis weiter nach Tangge mit übergroßen, von Gerstenfeldern umgebenen, bemalten Chörten.

Zwei Tage sind es noch zurück nach Jomsom. Zwei Tage, in denen die ganze Schönheit dieser Bergwelt Mustangs noch einmal zur Geltung kommt.

Über Jahrhunderte konnte sich diese abgelegene Region hinter der Himalayakette ihre Ursprünglichkeit bewahren. Die Landschaft von Mustang und ihre Abgeschiedenheit ist ein Geschenk der Natur. Den Menschen, welche hier leben, fordert sie allerdings alles ab. Mit Beharrlichkeit haben sie sich über einen langen Zeitraum den extremen Bedingungen angepasst.

Kein Wunder, dass Mustang über viele Jahrhunderte schwer erreichbar und abgeschieden war. Nur schmale Pfade führen entlang dieser Berglandschaft zu den wenigen Siedlungen der Menschen.

Seiten 131/132: Letzte Sonnenstrahlen berühren die Berghänge im sanften Abendlicht, ehe die Dämmerung die Landschaft einhüllt.

Dolpo

Der entlegene Westen Nepals

Eigentlich sollte alles ganz schnell gehen. Mit dem Flugzeug von Kathmandu nach Nepalganj und mit der nächsten Maschine weiter nach Juphal, dem Ausgangsort für das Upper Dolpo. Stattdessen erlebe ich die wohl abenteuerlichste Jeepfahrt meines Lebens. Vier unserer Träger sollten bereits mit dem Bus vorausfahren. Witterungsbedingt war aber auch für uns ein Flug in den feuchtwarmen Westen Nepals nicht möglich. Gemeinsam mit unseren Trägern Nima, Appa, Dorje und Norbu müssen wir auf den Bus ausweichen. 27 Stunden Busfahrt allein nur bis Nepalganj, sagt mir Darinji. Ich stöhne vor Entsetzen. Kaum vorstellbar – im vollbesetzten Bus, eingepresst zwischen engen Sitzreihen, bei Temperaturen, die kaum auszuhalten sind. Unerträgliche Hitze macht im Mai das Reisen in Nepal nicht angenehm. 520 Kilometer in 27 Stunden lassen schon im Vorfeld erahnen, auf was ich mich da eingelassen habe. Leidensfähigkeit wird auf einer solchen Reise ganz neu definiert. Allein ganze drei Stunden quält sich der Bus im dichten Verkehr über unbefestigte Straßen durch staubige Vororte Kathmandus. Über den Prithvi Highway, eine abenteuerliche, kurvenreiche Bergstraße, welche nicht im Geringsten an einen Highway erinnert, fahren wir in Richtung Westen. Ein wenig Erlösung auf der beschwerlichen Fahrt bringen die kurzen Zwischenstopps an den unzähligen schmuddeligen Straßenküchen, um in wenigen Minuten ein schnelles Essen hinunterzuschlingen.

Schon bald hupt der Busfahrer für die Weiterfahrt. Nach 27 Stunden steigen wir staubig, durchgeschwitzt, übermüdet und wie gerädert aus dem Bus. Unser Berg an Gepäck liegt auf der staubigen Dorfstraße, ich denke nur noch an Schlaf. Darinji ist verschwunden, kommt nach wenigen Minuten eilig zurückgerannt. „Schnell, schnell, wir haben einen Jeep", höre ich ihn von Weitem rufen. Wir hasten mit dem vielen Gepäck zum Fahrzeug. Ich glaube meinen Augen kaum zu trauen. Was da vor uns steht, ist ein verbeulter Schrotthaufen ohne Türgriffe. Die einzige noch vorhandene Scheibe, die Frontscheibe, ist von unzähligen Rissen durchzogen. Das Armaturenbrett weist nur noch leere Löcher auf, aus denen einzelne Kabel herausschauen. Als bester Platz wird mir zusammen mit Darinji der Beifahrersitz zugewiesen, während sich unsere vier Träger auf die Rückbank quetschen. Sitzpolster sind nur noch in Fragmenten vorhanden, wir sitzen auf den Federn. Vor mir im Fußraum ein offener Kraftstoffkanister, am Boden eine ölige Dieselpfütze. Durchrostete Löcher im Bodenblech verhindern größere Ansammlungen von Kraftstoff im Fußraum und ermöglichen auch gleichzeitig noch den Ausblick auf den Untergrund. Aus der Kanisteröffnung, nur mit einem Lappen abgedichtet, ragen zwei Schläuche, die irgendwo im Motorraum verschwinden. Der Innenraum stinkt unerträglich nach Kraftstoff. Zündschloss und Batterie – Fehlanzeige. Das Fahrzeug muss angeschoben werden. Dann ein Geräusch, als ob die Kardanwelle gegen das Bodenblech schlägt und der Motor dröhnt so laut wie ein Flugzeugtriebwerk. Der hakelige Schaltknüppel lässt sich nur mit Kraftaufwand und Gewalt bedienen. Sobald der Gang eingelegt ist, verschwindet zumindest das laut klappernde Geräusch unter dem Fahrzeugboden. Mit ohrenbetäubendem

Links: Vor dem Tor der buddhistischen Shey Gompa dreht der Mönch Pemba Chowing unablässig seine große Gebetsmühle.

Lärm rollen wir in Schrittgeschwindigkeit vom Platz. Die Piste gleicht eher einem Geröllfeld nach einer Sprengung. Im Kriechgang schiebt sich der Jeep über halbmetergroße Felsbrocken. Längst hat uns die Nacht eingeholt und die Dunkelheit lässt nur erahnen, an welchen Abgründen wir entlangfahren. Zwei Stunden später erreichen wir unser heutiges Ziel. Eine kleine Ortschaft, eine einfache Bretterhütte mit schmutzigen Decken, die wohl noch nie eine Reinigung erlebt haben. Egal, nach 30 Stunden Unterwegssein sind wir einfach nur noch platt. Es reicht noch für Bier und Dal Bhat, dann fallen wir kurz vor Mitternacht in unsere Schlafsäcke. In den frühen Morgenstunden ein eiliges Wecken, der nächste Jeep wartet schon auf uns, es bleibt nicht einmal Zeit für ein Frühstück. Vier Stunden Fahrzeit, Fahrzeug wechseln, weitere vier Stunden, dann ist die Piste endgültig zu Ende und fünf Stunden Fußweg liegen vor uns. Einige Frauen und Männer bearbeiten mit Brechstangen und schweren Presslufthämmern eine Felswand, um den vorhandenen Fußweg zu einer befahrbaren Piste zu erweitern. Dass die Arbeiter bei ohrenbetäubendem Lärm ohne Gehörschutz und mit Gummilatschen im scharfen Felsgeröll arbeiten, ist in Nepal alltägliche Realität. Das gebrochene Gestein hat den Fußweg vollständig verschüttet. Unmittelbar unterhalb queren wir das Schuttfeld waghalsig in einem extrem steilen, losen Felshang fünfzig Meter über einem Gebirgsfluss. Mir ist nicht wohl dabei. Ein einziger Fehltritt, ein einziges Abrutschen mit dem schweren Gepäck hätte unweigerlich tödlichen Ausgang im reißenden Fluss zur Folge. Unmöglich, sich in dem steilen Schutthang zu halten, wenn man einmal ins Rutschen kommt.

Es ist so heiß, dass wir an jeder Wasserstelle unsere Flaschen nachfüllen müssen.

Nach Stunden erreichen wir Tripurakot. Von hier führt wieder eine Piste bis unmittelbar unterhalb von Juphal. Eine kurze Fahrt im Jeep, ein weiterer halbstündiger Aufstieg, dann erreichen wir endlich den Startpunkt für unsere Dolpotour. Noch einmal lasse ich die weite und kraftzehrende Reise in Gedanken passieren. Ganze vier Tage waren wir für diese anstrengende Anreise unterwegs.

Gesammeltes Reisig und Brennholz aus den umliegenden Tälern wird mit Tragetieren in die Dörfer gebracht.

Viele verschiedene Ethnien Nepals haben tibetomongolische Wurzeln. Im Dolpo lebt vorwiegend die tibetanische Volksgruppe der Bhotia. Die Menschen im Dolpo nennen sich selber Dolpo Pa.

Dolpo ist eine weit abgelegene und schwer erreichbare Bergregion im Westen Nepals, ohne Infrastruktur für Straßen, größere Ortschaften und Elektrizität.

Je nach Höhenlage wird das Gebiet in Unteres Dolpo und Oberes Dolpo unterteilt. Das Obere Dolpo, unmittelbar an Tibet angrenzend, kann nur zu Fuß über 5000 Meter hohe Pässe erreicht werden. Alle Lebensmittel, Zelte, Kocher und Küchenausrüstung müssen mitgenommen werden. Es gibt kaum Übernachtungsmöglichkeiten.

Im Dolpo haben sich bis heute auf Grund der schlechten Infrastruktur die schweren Lebensbedingungen für die Menschen nur wenig verbessert. Seine Bewohner, die Dolpo Pa oder Dolpa sind ihrem Ursprung nach Tibeter und damit tief mit dem Buddhismus und der alten Bön-Religion verwurzelt. Jahrhundertelang lebten die Dolpa vom Salzhandel mit Tibet. Mit ihren Yakkarawanen zogen sie über die hohen Pässe des Himalaya bis weit hinein nach Tibet. Heute noch sind die alten Karawanenwege erhalten. Der Salzhandel ist längst zum Erliegen gekommen. Inzwischen ist es für die Bewohner des Oberen Dolpo einfacher und kostengünstiger, ihre Lebensmittel und Waren auf chinesischer Seite in Tibet einzukaufen.

Lange Zeit lag Dolpo unter dem Einfluss tibetischer Könige. Ab dem 16. Jahrhundert gehörte die Region zum Königreich Lo, dem heutige Mustang, bis der Gurkha-Herrscher Prithvi Narayan Shah 1768 mit der Eroberung Kathmandus und vieler kleiner Fürstentümer den Grundstein für ein vereinigtes Königreich Nepal legte. Auch Dolpo gelangte im Zuge dieser Eroberungen unter den Einfluss und die Herrschaft der Gurkha-Herrscher.

Umgeben von einigen Sechstausendern liegt Dolpo zwischen dem Kanjirowa Himal im Westen und dem Dhaulagiri Himal mit dem Kali-Gandaki-Tal im Osten.

Ähnlich wie Mustang befindet sich auch Dolpo im Regenschatten des Himalaya nördlich des Hauptkamms und wird durch den Sommermonsun kaum beeinflusst. Besonders die Berglandschaft des Oberen Dolpo zeigt ein wüstenähnliches Landschaftsbild mit kargen und trockenen Hochebenen und Höhenzügen auf.

Erst 1989 wurde Dolpo für Ausländer geöffnet. Eine Reise durchs Dolpo hat bis heute Expeditionscharakter.

Am nächsten Morgen beginnen unsere Vorbereitungen für den Aufbruch. Schon am Vorabend haben wir die Versorgungslisten durchgesehen. In unserer Unterkunft häufen sich Berge von Nudeln, Reis, Gemüse, Mehl, Eiern, Kaffee, Tee und Zucker. Zwei Kerosinkocher, 20 Liter Kraftstoff zum Kochen, zwei Zelte und die gesamte Küchen- und Lagerausrüstung für insgesamt sieben Personen. Immerhin werden wir 21 Tage unterwegs sein und in den Dörfern gibt es kaum Versorgungsmöglichkeiten. Das wenige, was die Menschen auf den kargen Böden anbauen und ernten, benötigen sie für den Eigenbedarf. Alle Lebensmittel und die gesamte Lagerausrüstung werden auf fünf riesige geflochtene Tragekörbe verteilt, die nebeneinander auf einer kleinen Mauer stehen. Dorje geht immer wieder prüfend von Korb zu Korb, damit die Lasten gleichmäßig verteilt sind. Die Tragekörbe werden später nur mit dem Namlo, einem Stirnband, getragen. Sprachlos schaue ich auf die vollbeladenen Körbe. Niemals zuvor war ich mit so hohem Aufwand unterwegs. Fünf Träger und mein Freund und Guide Darinji begleiten mich. Inzwischen ist mit reichlicher Verspätung auch unser fünfter Träger Bascher aus einem benachbarten Dorf eingetroffen. Wenig später starten wir bei leichtem Nieselregen.

Wir laufen am Fluss Thuli Bheri entlang bis wir nach einigen Stunden das reißende Wasser auf einer Hängebrücke überqueren und in den Oberen Dolpo abbiegen. Unsere Träger sind schon vorausgelaufen. Ihre Tragekörbe sehen riesig und schwer aus. Jeder wiegt etwa 50 Kilogramm. Bascher, unser ältester Träger, läuft fast immer als Erster. Als ich nach seinem Namen frage, erklären mir Darinji und Dorje, sie kennen ihn nicht und sagen einfach Bascher – Großvater – zu ihm. Bascher ist 53 Jahre alt.

Unter einem knorrigen alten Baum machen wir Mittagspause. Eilig werden die wenige Stunden zuvor gepackten Tragekörbe wieder geleert. Erst jetzt nehme ich die vielen Kochtöpfe und Küchenutensilien war, die wir für unsere kleine Gruppe mitführen. Ein geschäftiges Treiben beginnt, Gemüse waschen, schälen, schneiden, Reis im Schnellkochtopf aufsetzen und schon wenig später durchdringt ein aromatisch köstlicher Geruch nach Curry unser Mittagslager. Bald sitzen wir zufrieden jeder auf einem Stein mit einem Blechteller Dal Bhat. Nach dem Essen schnell noch die Teller und Töpfe im Fluss abwaschen, dann sind wir auch schon wieder unterwegs.

Am Wegrand wachsen überall Marihuanapflanzen. Im nächsten Dorf ist der Eingang in den Shey-Phoksundo-Nationalpark, dem größten und entlegensten Nepals. Schwer bewaffnete Soldaten bewachen den Kontrollposten. Immer noch müssen westliche Reisende ein sehr teures Permit für einen Aufenthalt in der Dolporegion bezahlen. Der Kontrollposten kopiert handschriftlich meinen halben Reisepass und mein Permit in einem Buch, ehe wir passieren dürfen. Nach den letzten Häusern verliert sich unser Weg steil bergauf in den Bergen. Immer häufiger ist der Pfad jetzt in schwindelerregender Höhe über dem Abgrund in den steilen Felsen gebaut. Die Bauweise ist jahrhundertealte Tradition. Vom Talboden her wird eine Trockenmauer aus behauenen Felssteinen leicht schräg zur Felswand gelehnt aufgeschichtet. Der Zwischenraum zur Felswand wird mit Geröll und Erde aufgefüllt. Auf der Mauerkrone bleibt dann ein schmaler Fußpfad, der bereits seit Jahrhunderten instand gehalten wird. Solche Steinmauern sind manchmal zehn Meter hoch aufgeschichtet und stehen erschreckend viele Meter über dem Flusstal. Die kühnen Erbauer dieser Höhenwege sind oft nur mit einem um den Bauch geknoteten Hanfseil über dem Abgrund gesichert.

Am Nachmittag treffen wir an einem winzigen Feld mitten im Wald einen Mann mit seiner scheinbar uralten Mutter. Ihr Gesicht ist von unzähligen Falten durchzogen. Vom rauen Leben in den Bergen gezeichnet, strahlt es trotzdem Gleichmut und Ruhe aus. Welche Lebensgeschichte mag dieses Gesicht verbergen? Die alte Frau hockt am Boden vor einem winzigen Holzfeuer. Während sie mit zittrigen Händen im verbeulten Wasserkessel Tee zubereitet, erzählt uns ihr Sohn, dass er bereits in Nepal geboren ist und seine alte Mutter aus Tibet stammt. Als junge Frau ist sie 1959 nach dem

Einmarsch der Chinesen in Tibet über den Himalaya nach Nepal geflohen. Welche bewegende Geschichte, wie viel Leid mag diese Frau in ihren jungen Jahren erlebt haben. Ein Lebensschicksal, welches so viele Tibeter wahrscheinlich ähnlich geteilt haben und das heute immer mehr in Vergessenheit gerät.

Auf einer kleinen Wiese können wir unsere Zelte aufbauen. Nachts haben wir so viel Regen, dass mein Zelt vollständig unter Wasser steht. Mein Schlafsack wird feucht und ich bin froh, als die Nacht endlich zu Ende geht. Das Wetter wird auch in den nächsten Tagen nicht besser, der Regen erschwert unser Vorwärtskommen. Dichter feuchter Bergurwald umgibt uns, Regenwasser tropft von den Bäumen, wolkenverhangen sind die Berge und wir sind froh, als wir am späten Nachmittag ein einzelnes bewohntes Haus erreichen. Eine alte Frau lebt hier. Auf unsere Frage nach einem geeigneten Zeltplatz antwortet sie mit einer Einladung ins Haus. Ein altes Holzhaus, vom jahrelangen Gebrauch des offenen Feuers rußgeschwärzt. Die wenigen Flammen des Feuers erhellen den dunklen Raum nur spärlich. Elektrischen Strom hat es hier noch nie gegeben. An den Wänden befinden sich dunkle Holzregale, auf denen Messingtöpfe und Lebensmittel gelagert sind. Dorje und Darinji fangen ganz selbstverständlich in der fremden Küche mit dem Kochen an. Bald kriechen wir in unsere Schlafsäcke. Meine sechs Begleiter schlafen auf dem Erdboden, ich liege auf einer harten Holzbank, während sich die alte Frau unter einem großen Berg Decken verkriecht. Es dauert nicht lange, bis ein lautes Schnarchen von dort her das nächtliche Dunkel erfüllt.

Schon in der zeitigen Morgendämmerung sind laute Stimmen vor der Tür zu hören. Missmutig wälze ich mich von einer Seite auf die andere. Das Stimmengemurmel reißt nicht ab. Ich kann nicht mehr schlafen, schaue aus dem Schlafsack heraus in die dämmrige Hütte und glaube meinen Augen nicht zu trauen. Unmittelbar neben mir starren mich acht dunkle Augenpaare an. Acht Männer, die auf der Durchreise zu ihrem Heimatdorf hier am Feuer in der frühen Morgenstunde einen Tee trinken. Mit meinen Begleitern und der alten Frau sind wir jetzt 16 Personen im kleinen Raum und ich bin im Schlafsack mittendrin.

Der heutige Aufstieg wird unerwartet steil und anstrengend. Ein schwerer 4000 Meter hoher Pass, der in der Karte tatsächlich nicht vermerkt war. Für Himalaya-Verhältnisse ist er viel zu niedrig, um überhaupt eine Erwähnung als Pass zu bekommen.

Längst haben wir alle Wasservorräte verbraucht. Das Kochen muss ausfallen. Dorje und Appa zerreiben zwischen den Händen auf einer Plastikfolie vier Tüten Instandnudeln, dazu eine Zwiebel, einige haferähnliche Flocken und eine Handvoll getrocknetes Yakfleich. Das trockene Essen klebt im Mund.

Vom Pass führt der Weg steil bergab durch lichte Birkenwälder, ehe wir endlich den Phoksundo-Fluss erreichen. Völlig ausgetrocknet stürzen wir uns auf das Flusswasser, ohne auch nur einen einzigen Gedanken an die Frage der Trinkwasserqualität zu verschwenden. Am Abend erreichen wir den Phoksundo-See. Sein Anblick ist atemberaubend. Wie ein Juwel leuchtet sein Wasser je nach Tageszeit von tiefblau bis türkisgrün. Mit jedem Licht des Tages verändert der See sein Antlitz. In den frühen Morgenstunden zieht ein mystischer Nebel über das Wasser. Wenig später verbannt die Sonne mit ihren wärmenden Strahlen die letzten Nebelfetzen und auf der Wasseroberfläche spiegeln sich die verschneiten Gipfel des Kanjiroba-Massivs. Kein Wunder, dass der See von den buddhistischen Einheimischen und in der Bön-Religion als heilig verehrt wird. Auf seiner Westseite ist ein schmaler Weg in schwindelerregender Höhe über dem Wasser in den senkrechten Felsen gehauen. Bereits seit Jahrhunderten ziehen Yakkarawanen auf diesem schmalen und gefährlichen Weg ins nördlich gelegene Tibet.

Der Phoksundo-See liegt auf einer Höhe von 3733 Metern. Am Südufer bauen wir unsere Zelte auf. Zur Akklimatisation werden wir einen Tag am See bleiben. Nur wenig entfernt am Ufer, liegt das uralte Ringmo Kloster aus der vorbuddhistischen Bön-Religion. Ein einzelner Mönch sitzt vor dem Gebetsraum und spielt in der warmen Nachmittagssonne mit einer Katze. Umgeben ist das kleine Kloster von einer Vielzahl heiliger Chörten. In diesen Schreinen werden häufig Reliquien verstorbener religiöser Meister aufbewahrt. Manche Chörten gelten gleichzeitig als Sitz von Lokalgottheiten, welche die Bevölkerung, ihre Tiere und ihre Felder schützen sollen.

Unmittelbar in der Nähe unserer Zelte liegt das kleine Dorf Ringmogaon. Nur wenige Bewohner sind

Zwei neugierige Jungen der Dolpo Pa in ihren traditionellen Chubas im Dorf Saldang.

anwesend. Auffallend ist, dass hier viele Dörfer wie verlassen wirken. Große Vorhängeschlösser hängen an den alten Holztüren der Häuser. Wir können uns das nicht erklären. Schon in den letzten Tagen haben wir aber häufig große Zeltlager auf den höchsten und weit entferntesten Almwiesen gesehen. Den Grund dafür werden wir in wenigen Tagen erfahren.

Der schmale Weg durch die Felswand unmittelbar über dem Wasser des Phoksundo-See erfordert allen Mut und Trittsicherheit. Auf der einen Seite Felswand, auf der anderen Seite der Abgrund zum See. Unvorstellbar, wie seine Erbauer das schmale Band in den Felsen gehauen haben. Wie sie an steilsten Stellen mit Stützmauern schwierigste Wegabschnitte überbrückten. Unglaublich auch, wie hier Yakkarawanen mit ihren schweren Lasten den gefährlichen Weg exponiert hoch über dem See seit Jahrhunderten zurücklegen. Im Licht der Mittagssonne tauchen weißgraue Felswände in tintenblaues Wasser, saftiges Grün der Vegetation verzaubert die Kargheit der Berge.

Einige Wegstunden später finden wir einen Lagerplatz in einem kleinen Wäldchen. Von dort aus führt der Weg einen ganzen Tag lang stetig steil bergauf zum 5360 Meter hohen Kang-La-Pass. Wir durchqueren eine gewaltige Felsenklamm, später zieht sich der Pfad über steile Geröllfelder zum Pass hinauf. Grau und wolkenverhangen liegt hinter uns das fast 7000 Meter hohe Kanjiroba-Massiv. Wir müssen mit Niederschlag rechnen. Der Pass ist so hoch und steil, dass wir eine Nacht in einem Hochlager unmittelbar davor übernachten werden. Vom Pass herunter kommt uns eine Reitergruppe entgegen. Die etwa zehn Männer mit Pferden sind mit Pistolen und Gewehren bewaffnet. Ein eher furchterregender Anblick. Bei unserer Begegnung machen wir eine Pause und trinken gemeinsam einen Tee. Die Männer sind Yarsagumba-Aufkäufer. Stolz

Das abgelegene Felsenkloster Tsakhang.

holen sie eine von vielen Aufbewahrungsdosen hervor und zeigen uns Yarsagumba. Der Inhalt einer solchen Dose ist ein Vermögen wert. Yarsagumba-Händler leben gefährlich, hin und wieder kommt es zu Raub und Überfällen. Erst vor wenigen Jahren wurden neun Yarsagumba-Sammler ermordet aufgefunden. Deshalb sind die Männer bewaffnet. Besonders in den letzten Jahren hat der Aufkauf und Handel immer mehr mafiöse Strukturen angenommen.

Der tibetische Raupenpilz, Yartsa Gunbu oder Caterpillar sinenis, bedeutet im Tibetischen „Sommergras-Winterwurm". In Nepali heißt der Schlauchpilz, der in der Erde lebende Raupen befällt, Yarsagumba. Sein lateinischer Name ist auch Cordyceps sinensis. Der Pilz wächst endemisch nur im tibetischen Hochland bis hinein nach Dolpo in Nepal, in Höhen von 3000 bis 5000 Metern. Er befällt Raupen der Schmetterlingsfamilie der Wurzelbohrer. Bei den infizierten Raupen wächst der Pilz im Frühjahr aus dem Kopf des Tieres und füllt mit seinem Myzel nach und nach den gesamten Raupenkörper aus. Der Pilzfruchtkörper wächst an die Erdoberfläche und tritt dort als winziger kleiner Schlauch in Erscheinung. Im Grasland kaum zu erkennen, ist es äußerst mühsam, den Pilz überhaupt zu finden und zu sammeln.

In der traditionellen tibetischen und chinesischen Medizin zählt der Raupenpilz als Wunderheilmittel. Er wird gegen Herzkreislauf-, Lungen-, Nieren- und Lebererkrankungen verwendet und hilft gegen Rückenschmerzen. Viel wichtiger ist vor allem aber die Verwendung als Aphrodisiakum und als natürliches Viagra. In den letzten Jahren wurde seine Wirkung auch als natürliches Dopingmittel für Leistungssportler erkannt. In China wird der Pilz wie eine zweite Währung oder auch als besonders wertvolles Geschenk verwendet. Je nach Qualität und Größe der myzelgefüllten Raupe

Erfreut begrüßt der einzige Mönch im alten Ringmo Kloster am Phoksundo-See die Besucher.

kann ein einzelner Pilz bis zu umgerechnet 15 Euro kosten. In Kathmandu wird ein einziges Gramm getrocknete Yarsagumba mit 1200 Rupees gehandelt. Das sind umgerechnet etwa 8,50 Euro.

Die ganze Region Dolpo lebt im Frühsommer vom Sammeln der Raupenpilze. Jeder Sammler benötigt ein offizielles Permit. Die Dörfer sind während dieser Zeit wie leergefegt. Viele Familien ziehen für einige Wochen in hochgelegene Zeltlager, um von dort aus auf kargen Almwiesen gemeinschaftlich nach Yarsagumba zu suchen. Wie Ameisen kriechen die Sammler über die steilen Berghänge. Eine gute Ausbeute für einen Sammler liegt bei fünf bis zehn Raupenpilzen pro Tag. Seit Jahrhunderten werden die Pilze gesammelt und nach Tibet und China verkauft. Es ist eine lohnende Einnahmequelle, welche die sozialen und ökonomischen Bedingungen vieler Familien in der Region in den letzten Jahren deutlich verbessert hat.

Die Yarsagumba-Aufkäufer ziehen durch Dolpos Berge von Zeltlager zu Zeltlager und kaufen von den Sammlern die Ausbeute auf, um sie später in China gewinnbringend weiterzuverkaufen.

Unsere Nacht vor dem Pass wird kalt und windig. Noch liegt auf unserem Lagerplatz in fast 5000 Meter Höhe die nächtliche Kälte. Aus meinem Zelt heraus leuchten mir gegenüberliegend die schneebedeckten Kanjiroba-Gipfel entgegen. Eisige Bergspitzen ragen in den blauen Himmel. Nur ein schmales Wolkenband zieht sich unterhalb der Gipfel durch das Massiv. Wenig später schickt die Sonne ihre ersten wärmenden Strahlen zu uns herüber. Stunden später erreichen wir nach extrem steilem Aufstieg den Pass. Während des langen Abstiegs auf der anderen Seite begegnen wir häufig Yarsagumba-Sammlern. Ganze Familien sind mit kleinen Kindern und Babys unterwegs. Unten im Tal ist bereits das kleine Dorf um die alte Shey Gompa, ein buddhistisches Kloster, zu erkennen. Der Weg führt an Manimauern entlang. Ein Mönch hockt weit vom Dorf entfernt am Boden, um mit Hammer und Meißel das buddhistische Mantra „Om mani padme hum" für alle Ewigkeit in einen Manistein zu gravieren.

Neben der alten Gompa bauen wir die Zelte auf. Das rote Klostergebäude der Shey Gompa, vermutlich aus dem elften Jahrhundert, liegt unmittelbar am Zusammenschluss dreier Flusstäler. Es ist das religiöse Zentrum der Region. Der alte, unablässig lächelnde Mönch Pemba Chowing empfängt mich. Am Boden hockend dreht er seine Gebetsmühle und besucht uns wenig später neugierig an unseren Zelten.

Nur wenige Hundert Meter entfernt auf einer kleinen Ebene ist ein Nomadenlager mit einigen großen Zelten aufgeschlagen. Während die meisten Bewohner an den umliegenden Berghängen Yarsagumba suchen, betreut ein junges Mädchen die Ziegenherde. Meine nepalesischen Begleiter haben eine geniale Idee. Kichernd und lachend kommen sie zu mir und schlagen vor, eine Ziege zu kaufen und zu schlachten. Keine schlechte Idee. Nach gut zwei Wochen Trockennahrung, Reis und Gemüse haben wir alle einfach Heißhunger auf Fleisch. Das Kichern werde ich gleich verstehen, denn der Kaufpreis geht natürlich direkt an mich. Es folgen zähe Kaufverhandlungen. Das junge Mädchen erweist sich als wenig verhandlungsbereit. Missmutig kommen meine Begleiter zu mir. Viel zu teuer. Dann zerren zwei Kinder eine lahmende Ziege herbei. Für diese ist der Preis etwas niedriger. 12.000 Rupees, umgerechnet etwa 100 Euro, soll die Ziege kosten. Im Versorgungszelt der Nomaden werden wir uns endgültig einig.

Unser nächstes Problem: Wir haben kein geeignetes Messer zum Schlachten und alle meine jungen Begleiter haben noch nie geschlachtet. Bascher – der Großvater – soll das machen. Bascher verschwindet mit der Ziege. Als wir wenig später zum Fluss kommen, steht Bascher im Wasser auf einem Stein, hat die Ziege bereits mit dem geborgten Messer geschlachtet und zerlegt. Restlos alles wird verwertet. Den Kopf und das Fell bekommen zwei Männer aus dem Dorf als

Stolz führt ein Yarsagumba-Händler seine Ausbeute vor. In dieser Qualität kostet ein einziger Raupenpilz umgerechnet bis zu 15 Euro.

Im Nomadenlager zerren die Kinder für uns eine lahmende Ziege herbei. Wenig später wird sie geschlachtet.

Gegenleistung für das geborgte Messer und ihre Hilfe beim Schlachten. Die Gedärme werden im Flusswasser gespült, klein geschnitten und gekocht. In unserem Küchenzelt riecht es furchtbar unangenehm nach Innereien. Ich bekomme als Einziger das erste Fleisch, während meine Begleiter die gekochten, übelriechenden und schnell verderblichen Innereien essen. Für die nächsten Tage haben wir jetzt ausreichend Fleischrationen.

In unmittelbarer Nähe der Shey Gompa liegt der nach seinen vielen Quarz-Kristallen benannte Kristallberg. Bei den Dolpo Pa ist er für Buddhisten und Anhänger der Bön-Religion der heiligste Berg der Region. Nach dem tibetischen Kalender, im Jahr des Drachen, umrunden tausende Pilger den heiligen Kristallberg.

Pemba Chowing und Nima begleiten mich am nächsten Tag zur Felsengompa Tsakhang. Gut eine Wegstunde ist es bis dorthin. Einsam und verlassen klebt die alte Gompa wie ein Adlerhorst an einer Felswand. In der Klosterküche bereitet uns eine Frau einen tibetischen Buttertee zu. Es ist traditionell schwarzer Tee mit Yakbutter und Salz. Wir sitzen in der alten verräucherten Küche zusammen. Still höre ich der Unterhaltung zu.

Zehn Tage sind wir bereits zu Fuß unterwegs. Jeder Tag bringt uns neue Herausforderungen. Flussüberquerungen, hohe Pässe, steile Abstiege und Regenwetter. Längst sind wir im Herzen Dolpos angekommen. Zahlreiche Klöster zeugen von der buddhistischen Kultur. Über Namgung Gompa gelangen wir endlich nach Saldang, dem Hauptort im Inneren Dolpo. Es ist das größte

Dorf in der Region. Etwa sechshundert Menschen leben hier. Direkt am alten Karawanenweg nach Tibet gelegen, profitierte das Dorf jahrhundertelang vom Salzhandel.

Unterhalb des Ortes auf einem Plateau inmitten grüner Gerstenfelder, liegt die Samye Choeling Gompa. Es ist der Amtssitz des Dolpo Tulku, des religiösen Oberhauptes der Region. Unmittelbar daneben liegt das kleine Hospital des alten Amchi Dondhup Lama, einem tibetischen Naturheiler, der seine Patienten mit uraltem Heilwissen fast nur mit Kräutern behandelt. Die Lehren Buddhas, tantrische Elemente und geheime Ritualpraktiken sind ein weiterer Bestandteil der Heilmethoden. Am Haus von Amchi Dhondup Lama, nur wenige Hundert Meter entfernt, haben wir unsere Zelte aufgebaut. Stolz zeigt er uns einen Bildband des französischen Fotografen Eric Valli, in dem seine Lebensgeschichte erzählt ist.

Tags darauf laufen wir mit Darinji, Nima und Appa zur Yangier Gompa. Es ist der nördlichste Punkt unserer Reise, nur wenige Wegstunden von der Grenze zu Tibet entfernt. Die Berge vor uns liegen bereits auf tibetischer Seite. Yakkarawanen gehen diesen Weg im Flusstal des Nagung Khola nach Tibet, um Lebensmittel und Waren aus China zurück nach Dolpo zu bringen. Wüstenähnliche trockene Hochtäler, in denen nur am Fluss vereinzelt einsame Behausungen liegen. Atemberaubende Landschaften umgeben uns. Weglos laufen wir das Flusstal aufwärts. Bis zum Bauch im Wasser durchqueren wir den Fluss, an anderer Stelle klettern wir unmittelbar über dem Wasser durch eine Felswand. Ein Abrutschen hätte ein nasses Bad zur Folge. Ich bange um meinen Fotorucksack.

An einigen Chörten biegen wir in ein weiteres Flusstal ab. Kristallkares Wasser des Pangjyang Khola sprudelt über strahlend weiße Flussgerölle und ver-

Oben: Unser Träger Bascher kriecht fast liegend über die kargen Bergwiesen auf der Suche nach dem Raupenpilz.

Mitte: Nur schwer ist der Raupenpilz an den steilen grasbewachsenen Berghängen zu finden. Unsere Träger haben nach langer Suche vier Exemplare gefunden.

Unten: Vom Kang La-Pass reiten Yarsagumba-Händler herunter. Die aufgekauften Raupenpilze werden von gut bewaffneten Händlern weiter nach China gebracht.

mischt sich wenig später mit dem lehmbraunen Wasser des Nagung Khola. Hunderte Meter am Flussufer entlang sind aus den weißen Geröllen Manimauern mit buddhistischen Mantras errichtet. Wenig später steigen wir einen Steilhang auf und erreichen das Kloster Yangier Gompa. Neun große und zwanzig kleinere Chörten umgeben in einer langen Mauer die beeindruckende Tempelanlage, die ursprünglich als Klosterschule errichtet wurde. Mystisch und geheimnisvoll leuchten die vielen Chörten und umliegenden Berge im warmen Licht der untergehenden Abendsonne. Einsam ist es hier. Ganz alleine bin ich jetzt unterwegs. Darinji und Appa sind schon längst nach Saldang zurückgekehrt.

Nima wartet in der Nähe bei einem kleinen Kloster auf mich. Wir werden dort übernachten. Nima ist der einzige unserer Gruppe, der die Sprache der Einheimischen hier verstehen kann. Noch lange sitzen wir am Abend zusammen mit der Familie des Mönches. Spärlich erleuchtet das Feuer den dunklen Raum. Wir bekommen Nudelsuppe, chinesisches Bier, Buttertee und ein Nachtlager in einem Abstellraum mit staubigen Matratzen und noch viel staubigeren Decken. Am nächsten Tag werden auch wir nach Saldang zurückkehren und von dort den langen Rückweg nach Juphal antreten.

Das buddhistisch geprägte Dolpo im abgelegenen Westen Nepals ist ein landschaftliches und kulturelles Kleinod im Himalaya. Doch nur zu Fuß und schwer erreichbar leben seine Bewohner, die Dolpo Pa immer noch unter schwierigsten Verhältnissen. Es ist ein täglicher Überlebenskampf mit der kargen Natur in extremer Lebenshöhe. Wesentliche Grundversorgungen sind auch in heutiger Zeit nicht gewährleistet. Das Fehlen medizinischer Versorgung im Krankheitsfall, von Krankenhäusern, Bildung, Elektrizität und ausreichender Versorgung ist ein Kernproblem dieser abgeschiedenen Region. Auftretende Krankheiten, eingeschränkte Bildungschancen und mangelnde Entwicklungsmöglichkeiten schaffen eine Lebenssituation, welche den Dolpo Pa alles abfordert. Und trotzdem ist die Herzlichkeit und Gastfreundschaft der Menschen in den Dörfern einfach überwältigend.

Die jahrhundertealte Yangier Gompa liegt einsam in einem weit entlegenen Hochtal am Handelsweg nahe der chinesischen Grenze.

Kangchendzönga

Im Osten leuchtet der Schnee

Eine Reise zum Kangchendzönga zählt auch heute noch zu den abenteuerlichsten Trekkingtouren in Nepal. Weit abgelegen im Osten ist die Region nicht nur schwer erreichbar, sondern auch eine der unberührtesten Gegenden. Ganze drei Wochen mit langen anstrengenden Tagesetappen von oft mehr als acht Stunden Gehzeit machen die Reise zu einer anspruchsvollen Unternehmung. Bis zum Basislager Pangpema Kharka ist es ein weiter Fußmarsch durch subtropischen Urwald und ein extremes Höhenprofil mit ständig steilen Auf- und Abstiegen. Nur wenige Reisende machen sich auf den weiten Weg zum Kangchendzönga, dem dritthöchsten Berg der Welt. Wild und ursprünglich ist diese Bergregion und es erfordert einige Anstrengung, um diese Route zu gehen. Dafür wird man mit einzigartigen Aussichten auf den Himalaya im Osten Nepals belohnt.

Der Kangchendzönga ist mit 8586 Meter Höhe gleichzeitig der östlichste Achttausender. Der Berg liegt direkt auf der Grenze zwischen Nepal und Indien mit dem Bundesstaat Sikkim. Vier lange Berggrate fallen von seinem Hauptgipfel ab. Während der Süd- und der Nordgrat unmittelbar auf der Grenze zwischen Nepal und Indien verlaufen, richtet sich der Westgrat nach Nepal und der Ostgrat nach Sikkim.

Der Name des Berges Kangchendzönga kommt aus dem Tibetischen und bedeutet übersetzt „Die fünf Schatzkammern des großen Schnees". Vielleicht liegt die Deutung für die „fünf Schatzkammern" auf den fünf Gipfeln des Berges: Hauptgipfel, Mittelgipfel, Südgipfel, Kangbachen und Yalung Kang, oder sie bezieht sich auf die fünf Gletscher am Berg. Tatsächlich jedoch sind die höchsten Berge des Himalaya für die Einheimischen schon immer die Heimat der Götter gewesen. Nach dem Glauben der Menschen liegt auf dem Gipfel des Kangchendzönga der Wohnsitz des hinduistischen Gottes Kubera, dem Gott des Reichtums und königlichen Wächter der nördlichen Himmelsrichtung. Im Buddhismus ist der Schutzgott Vaishravana das Äquivalent des hinduistischen Gottes Kubera. Laut einer Legende bewacht Vaishravana-Kubera auf den fünf Gipfeln des ewigen Schnees die fünf Schätze Gold und Silber, Kupfer und Getreide und heilige Bücher.

Unter Bergsteigern wird der Berg häufig auch „Kantsch" genannt. Lange Zeit galt der Kantsch als der schwierigste Achttausender. Nach mehreren vergeblichen Versuchen verschiedener Expeditionen konnte der Berg 1955 von George Band und Joe Brown, den Mitgliedern einer britischen Expedition unter Charles Evans, erstbestiegen werden.

Die Erwartung auf eine abenteuerliche Trekkingtour zum Basislager des Kangchendzönga durch rhododendronbewachsene Bergurwälder im abgeschiedenen Osten löst bei mir als Bergsteiger und Naturliebhaber eine große Vorfreude aus. Jetzt im zeitigen Frühjahr bin ich zusammen mit meinem nepalesischen Freund Darinji dorthin unterwegs.

Im dichten Gedränge auf dem Flughafen in Kathmandu treffen wir auf Scott, einen Australier mit seinem nepalesischen Guide Chowong Sherpa. Schnell

Vorherige Seiten: Auf der Fahrt nach Taplejung in den Osten Nepals passieren wir die Teeplantagen von Ilam. Sie liegen nur 70 Kilometer vom berühmten Darjeeling-Teeanbaugebiet in Indien entfernt.

Rechts: Noch heute leben viele Menschen in den Bergen Ostnepals in einfachen, mit Holzschindeln gedeckten Hütten.

stellt sich heraus, dass wir zufällig die gleiche Tour zum Kangchendzönga geplant haben und in der gleichen Maschine fliegen. Unser Flug nach Bhadrapur hat Verspätung. Später sind wir die einzigen westlichen Reisenden auf diesem Flug. Es ist naheliegend, dass wir gemeinsam einen Jeep für die Weiterfahrt organisieren und zusammen aufbrechen. Darinji ist erleichtert über die Begegnung. Er war noch nie im Gebiet des Kangchendzönga und ist froh, mit Scotts Guide einen Ortskundigen für die gemeinsame Tour zu haben.

Von Bhadrapur ist es eine lange und anstrengende Tagesfahrt im Jeep durch das subtropische Himalaya-Vorland bis nach Taplejung. Unterwegs, auf einer Höhe von 1000 Metern liegt Ilam, das berühmt ist für seinen Teeanbau. Was für Indien der Darjeeling-Tee ist, ist für Nepal der Ilam-Tee. Nur etwa 70 Kilometer und die Grenze zwischen Nepal und Indien trennen die beiden berühmten Teegebiete. Jedoch hat Darjeeling, begünstigt durch die Engländer, eine höhere Berühmtheit erlangt als Ilam. Bis zum Horizont reichen die grün leuchtenden Berghänge der Teeplantagen. Wie bunte Tupfen heben sich die Teepflückerinnen mit ihren Sonnenschirmen gegen die tägliche Hitze aus dem Grün der Teepflanzen hervor.

Je weiter wir nach Osten fahren, umso schlechter wird das Wetter. Erst in den späten Abendstunden erreichen wir bei strömendem Regen und Dunkelheit Taplejung. In den nächsten Tagen steigen wir durch die Vorberge des Himalaya im Flusstal des Tamor Khola aufwärts. Subtropische Temperaturen und ständiger Regen begleiten uns und erschweren das Vorankommen. Durchnässt und gleichzeitig schwitzend ist es wenig angenehm, das feuchtwarme Klima zu ertragen. Dampfend steigen feuchte Luftmassen auf.

Gore-Tex-Jacken sind für dieses Klima völlig ungeeignet und unerträglich warm. Wir laufen unter großen Plastikplanen, die wir einfach über Kopf und Rucksack hängen. Der schmale Pfad windet sich zwischen riesigen Bambusstauden hindurch. Nur gelegentlich verliert sich ein Sonnenstrahl zwischen dem Grün des Bambus. Später steigen wir durch dichten, mit Sal- und Simalbäumen bewachsenen Bergurwald auf.

Auf dem Rückweg zu ihrem Dorf legt eine junge Frau der Volksgruppe der Rai eine kurze Rast ein.

Rhododendron ist die Nationalpflanze Nepals. Am Oberlauf des Simbuwa Khola treffen wir auf das erste blühende Exemplar.

Im Schatten unter den Bäumen des Urwaldes wird im Osten Nepals sehr viel Kardamom angebaut. Die niedrig wachsenden schilfähnlichen Staudenpflanzen bedecken den ganzen Waldboden und werden durch Besprühung ständig bewässert. Kardamom, die Königin unter den Gewürzen, war schon im Mittelalter und ist auch heute noch eines der teuersten Gewürze der Welt. Neben seiner Verwendung als Gewürz wird Kardamom seit jeher auch in der ayurvedischen Heilkunst angewendet. An den umliegenden Berghängen werden auf weiten Terrassenfeldern Reis, Kartoffeln und Hirse angebaut.

In der waldreichen Berglandschaft gelangen wir immer wieder in malerische Dörfer der Stämme der Limbu und Rai. Die hier im Osten Nepals lebenden Volksgruppen mit tibetomongolischer Herkunft gelten als Urbevölkerung des Himalayalandes. Sehr früh sind sie hierher eingewandert. Oft verschmelzen in ihrer Religion Hinduismus und Buddhismus mit uralten schamanistischen Ritualen zusammen. Die Limbu sprechen Kiranti aus der tibetobirmanischen Sprachfamilie, während die Rai viele unterschiedliche Dialekte in ihrem Sprachgebrauch aufweisen. Selbst unseren nepalesischen Begleitern fällt eine Verständigung entsprechend schwer.

Bei einer der Familien finden wir Unterkunft für die Nacht. In der kleinen Wellblechhütte wird ein Schlafplatz für uns freigeräumt. Nur wenige Meter von der Hütte entfernt, im Freien unter einem Blechdach, ist die Kochstelle. Zwei kleine Kinder hocken barfuß auf dem Lehmboden und fachen mit einem Blasrohr aus Bambus das Feuer an. Über dem offenen Feuer werden Reis, Gemüsecurry und Tee zubereitet.

Eine traditionelle Besonderheit der Limbu und Rai und auch der Sherpa ist Tongba, ein leicht alkoholisches Hirsegetränk. Die gekochte Hirse wird unter Zusatz von

Hefe und Bakterien fermentiert. Diese fermentierte Hirse wird in einem größeren Trinkgefäß, traditionell aus Holz oder inzwischen auch aus Aluminium, mit heißem Wasser übergossen. Die Tongba muss wenige Minuten ziehen und kann dann mit einem am unteren Ende etwas abgeflachten Strohhalm – damit die Hirse nicht mit aufgesaugt wird – getrunken werden. Mehrmals kann die Tongba wieder mit heißem Wasser nachgefüllt werden. Das leicht säuerlich aromatisch schmeckende Getränk hat nur einen Alkoholgehalt von etwa drei Prozent. Während es draußen unablässig regnet, trinken wir zusammen mit unserer Gastfamilie Tongba. Es ist ein Zeichen höchster Gastfreundschaft.

Bei Sakethum biegen wir ins Ghunsa-Khola-Flusstal ab. Weite Rhododendronwälder begleiten uns. Rhododendron ist die Nationalpflanze Nepals und für mich der eigentliche Grund, hier am Kangchendzönga unterwegs zu sein. Es ist meine Lieblingspflanze im Himalaya. Auch zu Hause in Deutschland zieht es mich jedes Jahr zur Blütezeit in einen urwüchsigen Rhododendrongarten. Über viele Jahre war es mein Traum, die zauberhaften Blüten in ihrer Heimat vor den Schneegipfeln des Himalaya zu erleben. Besonders hier im Osten Nepals sind weite Berghänge mit Rhododendron bewachsen. Die mehr als 50 verschiedenen Arten wachsen in Höhen von 1200 bis hinauf auf 4000 Metern. Die Blütezeit ist zwischen März und Mai, je nach Art und Höhenlage. Leider sind wir in diesem Jahr zu früh, der lange Winter hat die beginnende Vegetationszeit verzögert. Nur vereinzelt öffnen erste Blüten ihre Blätter. Aber schon in wenigen Tagen wird ein Blütenmeer von Tausenden Rhododendronbäumen weithin alle Berghänge überfluten. Ein Zauber der Natur, der den Frühling im Himalaya zur schönsten Jahreszeit macht.

Während in tieferen Höhenlagen die Volksgruppen der Limbu und Rai leben, treffen wir hier oben wieder auf kleine Sherpasiedlungen. Schon wenige Wegstunden

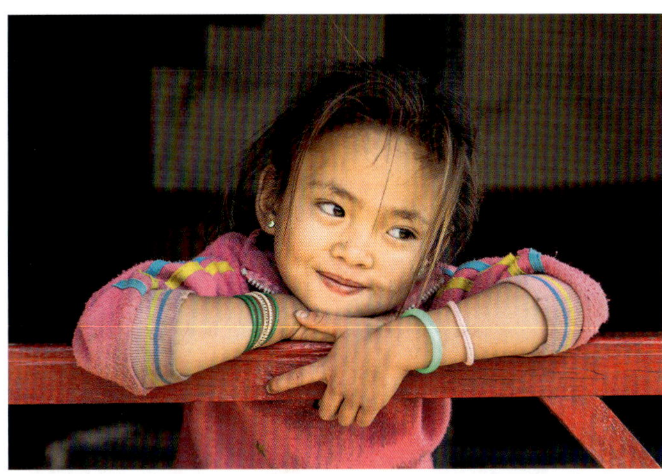

Oben: Ein kleines Mädchen der Volksgruppe der Rai schaut neugierig aus der Tür heraus.

Mitte: Schönheits- und Körperpflege im Freien. An der überdachten Außenwand einer Hütte sind Zahnbürsten, Spiegel und Kamm für die ganze Familie aufbewahrt.

Unten: Eine typische Unterkunft auf unserem Weg, ein Homestay.

vor Ghunsa weisen Manimauern und Gebetsfahnen auf den buddhistischen Glauben der Dorfbewohner hin. Ghunsa in fast 3600 Metern Höhe ist die letzte große Ansiedlung auf dem Weg zum Kangchendzönga. Gleichzeitig liegt hier der Wegabzweig zum Sela-Pass, den wir auf unserem Rückweg gehen werden.

In Ghunsa finden wir eine Unterkunft in einem jahrhundertealten Haus einer Familie. Aus Felssteinen gebaut und mit Holzschindeln gedeckt ist der Innenraum durch den jahrelangen Rauch der offenen Kochstelle rußig schwarz. Der aufsteigende Qualm des Feuers verliert sich zwischen den Holzschindeln. Draußen auf den kleinen Feldern haben sich die Familien zusammengeschlossen, um gemeinsam jetzt im zeitigen Frühjahr Kartoffeln auszulegen. Zwei Männer führen ein Yak mit einem Holzpflug über den Ackerboden. Frauen und Kinder legen die Saatkartoffeln aus und schließen die Ackerfurchen.

Immer öfter tauchen jetzt die eisbewehrten Gipfel und nebenliegenden Berge des Kangchendzönga-Massivs auf. Näher und näher sind wir dem Reich des ewigen Schnees entgegen gestiegen. Längst hat die Landschaft einen hochalpinen Charakter. Die Schneeberge Kabru und Jannu, zwei Siebentausender, ragen steil in den tiefblauen Himmel. Von Lhonak führt der Aufstieg über große Felstrümmer der Gletschermoräne mit atemberaubenden Ausblicken unmittelbar am gewaltigen schuttbedeckten Kangchendzönga-Gletscher entlang bis hinauf zum Basislager Pangpema Kharka.

Ich steige am Nachmittag allein die vier Wegstunden zum Basislager auf, um die Berge im Abend- und Morgenlicht zu fotografieren. Nur eine einzige kleine Bretterhütte in Pangpema Kharka schützt vor der eisigen Witterung auf über 5000 Meter Höhe. Dort werde ich übernachten.

Ein Einheimischer aus dem Dorf ist bereitwillig nur für meine Versorgung die vier Stunden zur Hütte aufgestiegen. Erfreut staune ich über diese vermeintliche Hilfsbereitschaft, doch schon bald werde ich den Grund verstehen. Etwas ungläubig schaue ich auf das Abendessen. Es sind zwei Löffel Ketchup mit heißem Wasser

Gemeinsam legen Familien im kleinen Dorf Ghunsa in fast 3600 Meter Höhe im gepflügten Ackerboden Saatkartoffeln aus.

FNSVEO
SEM

als Tomatensuppe. Der zweite Gang sind vier gekochte Kartoffeln. Das ist alles. Meine Übernachtung ist in einem Bretterverschlag auf harter Holzpritsche ohne Matratze. Der Wind bläst durch die dünnen, undichten Bretterwände, die notdürftig mit Plastikplanen abgedichtet sind. Der Innenraum weist die gleichen Minusgrade auf wie außen. Frühmorgens zum Frühstück bekomme ich zwei zähe, trockene Chapati mit klebriger Marmelade, welche dem Aussehen nach schon ewig auf einen Abnehmer warteten und dazu einen Kaffee, der eher nach geräuchertem Wasser schmeckt. Etwas unbeholfen kritzelt der Betreiber einige undefinierbare Zahlen auf einen Papierschnipsel und überreicht mir diesen freudestrahlend als Rechnung. Ich staune nicht schlecht, Vollpension für umgerechnet 35 Euro. Jetzt verstehe ich die Bereitschaft, nur für mich zum Basislager aufzusteigen.

Die Aussicht entschädigt für alles. Das Panorama ist fantastisch. Die steile, eisbewehrte Nordwand des Kangchendzönga mit der längsten Achttausender-Gipfeltraverse und mehreren sichtbaren Gipfeln ragt unmittelbar hinter dem Gletscher auf. Schneefahnen ziehen über die messerscharfen Gipfelgrate und lassen erahnen, wie stark der Wind da oben bläst. Rechts hinter dem Kangchendzönga-Gletscher schließt sich eine extrem steile Wand mit Riffelfirneis bis zum Gipfel des 6800 Meter hohen Wedge Peak an. Das weiße Firneis leuchtet im Licht der Morgensonne gegen den blauen Himmel.

Beim Abstieg nach Lhonak kommt mir Scott entgegen. Auch er möchte noch den spektakulären Ausblick auf den Kangchendzönga erleben. Beim Wiedersehen mit Darinji zeigt er mir freudig erregt ein Handyvideo von einem Schneeleoparden, den sie am gestrigen

Links: Neugierig und scheu beobachtet der Sohn unserer Gastfamilie uns Fremde im kleinen Dorf Khangpachen.

Oben: Im Basislager Pangpema Kharka erhalte ich in einem mit Plastikfolien abgedichteten Bretterverschlag auf harter Holzpritsche Unterkunft für die kalte Nacht.

Mitte: Darinji und ein Träger warten auf mich im dichten Nebel am Sela-Pass.

Unten: Lhonak, die letzte Ortschaft vor dem Kangchendzönga, liegt auf 4785 Meter Höhe.

Nachmittag in unmittelbarer Nähe des Gletschers gesehen haben.

Zwei Tage später erreichen wir wieder das Sherpadorf Ghunsa. Die nächste Tagesetappe soll recht einfach in fünf bis sechs Stunden über den 4290 Meter hohen Sela-Pass nach Anda Phedi führen, erzählt uns Scotts Guide Chowong Sherpa am Vorabend. Etwas ungläubig schaue ich auf die Karte. Der Wegverlauf auf der Karte erscheint sehr weit und führt nicht nur über den Sela-Pass, sondern über zwei weitere, deutlich höhere Pässe. Unmöglich, das in fünf bis sechs Stunden zu bewältigen. Doch Chowong Sherpa ist sich sicher, er kennt den Weg. Am nächsten Tag sind wir viele Stunden im ständigen Bergauf und Bergab an ewig langen Berghängen unterwegs. Längst haben wir die Baumgrenze unter uns gelassen. Je höher wir aufsteigen, umso schlechter wird das Wetter. Der Himmel ist grau und wolkenverhangen und mit jedem Höhenmeter wird es kälter.

Feiner Nieselregen begleitet uns. Unterhalb vom Sela-Pass geht der Regen in Schnee über. Der Pass ist schon mit einer dünnen Schneeschicht bedeckt. Es ist bereits Nachmittag, immer noch liegen zwei weitere Pässe vor uns. Dichter Nebel zieht auf und das Schneetreiben nimmt zu. Der Weg ist längst nicht mehr sichtbar. Wir haben großes Glück, eine einzelne Fußspur ist im Schnee erkennbar. Ohne diese hätten wir keine Orientierung, um den Weg zu finden. Dichter Nebel und der Schnee verschmelzen zu einer einzigen undefinierbaren weißen Masse. In der Landschaft sind keine Strukturen mehr erkennbar, selbst die Fußspuren sind kaum noch zu sehen. Ein letzter steiler Anstieg, eine letzte Anstrengung, ich merke wie mein Puls vor Anstrengung rast. Monoton setzte ich einen Fuß vor den anderen. Nur noch ein Gedanke begleitet mich – endlich ankommen. Endlich diesem scheinbar undurchdringlichen, unheimlichen grauweißen Nebel, in dem steile Abgründe erst im letzten Moment sichtbar werden, entkommen. Schließlich tauchen bunte Gebetsfahnen schemenhaft im Nebel auf. Der letzte und höchste Pass ist erreicht. Vor uns liegen noch 1300 Höhenmeter Abstieg. Inzwischen setzt die Dämmerung ein. Wenig

Im zunehmenden Schneetreiben und dichten Nebel wird der Abstieg vom Sela-Pass zu einer Flucht vor dem nahenden Unwetter.

Tageslicht verbleibt, bis wir endgültig unsere Stirnlampen aufsetzen müssen. Schneeflocken wirbeln mir ins Gesicht und reflektieren im Licht unserer Lampen.

Nach einigen Hundert Höhenmetern Abstieg geht der Schnee in Regen über. Ein Gewitter zieht auf. Schon seit dem Pass haben wir das näher rückende Grollen in den Bergen gehört. Der Regen nimmt zu und plötzlich ist das Gewitter unmittelbar über uns. Grelle Blitze durchzucken den Himmel und erleuchten für Bruchteile von Sekunden die nächtliche Umgebung. Der Einschlag ist fühlbar und oft nur wenige Hundert Meter entfernt, gefolgt von Donnerschlägen, die uns in panische Angst versetzen. Die ganze Urgewalt der Natur brodelt über uns. Es gibt keine Möglichkeit, uns am steilen Berghang zu schützen. Wir rennen im Licht unserer Stirnlampen um unser Leben den schmalen Bergpfad abwärts. Nach gefühlter Ewigkeit erscheint ein Licht in der Ferne. Wenig später reißen wir die Tür der Hütte auf und lassen erschöpft und wassertriefend unsere Rucksäcke fallen. Am Boden bilden sich sofort große Pfützen. Noch nie zuvor war ich so froh über ein erreichtes Ziel.

Ein trocknendes Feuer, ein erster warmer Tee und eine riesige Yakfleischkeule an der Wand aufgehängt, sind das Erste, was ich in der Hütte wahrnehme. Mehr als elf Stunden waren wir unterwegs. Im Nachhinein stellt sich heraus, dass wir zwei Tagesetappen an einem Tag bewältigt haben. Chowong Sherpa war vor mehr als zehn Jahren hier und hatte sich über den Streckenverlauf tatsächlich geirrt.

Immer tiefer steigen wir in den nächsten Tagen ab. Grüner wird es, die Berge werden sanfter und verlieren ihre Wildheit. Dichte Rhododendronwälder mit leuchtenden Blüten, Orchideen in den Bäumen und urwüchsige Tannen von denen meterlange Flechten herabhängen, zeigen sich entlang unseres Weges. Warmer Duft der Pflanzen umgibt uns. Wir spüren das Erwachen des Frühlings, den Atem der Natur. Nach drei Wochen erreichen wir wieder Taplejung.

In der Küche unserer Gastfamilie wird auf einer kleinen Kochstelle mit offenem Feuer gekocht. Der Rauch verzieht sich durch die Holzschindeln im Dach.

Seite 166/167: Der Ausblick vom Basislager Pangpema Kharka in über 5000 Meter Höhe auf den Kangchendzönga-Gletscher und die Nordwand des Kangchendzönga mit zwei seiner fünf Gipfel.

Herzlichen Dank meinem langjährigen Freund und Guide Darinji Sherpa, welcher mich auf allen Reisen begleitet, meinen Kindern Johanna, Ludwig und Friedrich für ihr Verständnis, wenn es mich wieder in die Berge zieht. Besonderer Dank gilt meinem Verleger Olaf Schubert sowie Gunhild Röth für die Gestaltung und Judith Weißschnur für zusätzliche lektorische Beratung. Für ihre Hilfe und Unterstützung bei meinen Reiseprojekten danke ich Markus Walter, meinen nepalesischen Freunden Dorje Sherpa, Nima, Appa, Norbu, Pema und Mingmar sowie Multi Adventure und vielen mehr.